中國商品期貨
交割庫研究

謝靈斌、崔中山◎著

財經錢線

前言

期貨市場價格發現和套期保值兩大功能的實現，離不開實物交割。交割庫則是為實物交割提供產品保管和集中履約及相關服務的場所，其佈局是否合理，對套期保值者的交割意願會產生重要影響。

交割庫作用的發揮，不僅需要賣方提供交割商品，也需要買方接收商品。因此，從某種意義上來說，交割庫所在的區域，事實上也是一個市場。國內交割庫的設置，經歷了單一交割地點向多交割地點佈局的演變，且多集中於產區、銷區、中轉地或貿易集散區。隨著中國期貨市場的發展和改革開放的持續推進，建立一個與現貨市場相匹配的交割庫網絡，進一步擴大期貨價格影響的覆蓋面，吸引更多的機構參與到期貨市場中來，將對期貨市場的平穩運行和持續發展產生積極影響。

本書內容共分為六章。第一章闡述基本概念。第二章對交割制度的具體內容，如交割方式、交割商品質量標準、交割結算、倉單的生成與流通、商品出庫、交割糾紛等，展開分析。第三章以影響交割庫佈局的因素為切入點，分別對農產品、化工品、金屬和能源類期貨交割庫佈局的一般規律展開討論。第四章則主要從地域分佈、數量及庫容、管理的規範性、交割庫類型等角度，分析國內商品期貨交割庫的發展現狀。第五章分析了交割庫的風險。最後，第六章從政府和交易所兩個角度，提出了優化國內商品期貨交割庫的措施和建議。其中，第一章、第三章和第四章由崔中山撰寫，第二章、第五章和第六章由謝靈斌撰寫。

由於筆者水準有限，本書尚有許多不足之處，懇請讀者批評和指正。

前言

　　期貨市場價格發現和套期保值兩大功能的實現，離不開實物交割。交割庫則是為實物交割提供產品保管和集中履約及相關服務的場所，其佈局是否合理，對套期保值者的交割意願會產生重要影響。

　　交割庫作用的發揮，不僅需要賣方提供交割商品，也需要買方接收商品。因此，從某種意義上來說，交割庫所在的區域，事實上也是一個市場。國內交割庫的設置，經歷了單一交割地點向多交割地點佈局的演變，且多集中於產區、銷區、中轉地或貿易集散區。隨著中國期貨市場的發展和改革開放的持續推進，建立一個與現貨市場相匹配的交割庫網絡，進一步擴大期貨價格影響的覆蓋面，吸引更多的機構參與到期貨市場中來，將對期貨市場的平穩運行和持續發展產生積極影響。

　　本書內容共分為六章。第一章闡述基本概念。第二章對交割制度的具體內容，如交割方式、交割商品質量標準、交割結算、倉單的生成與流通、商品出庫、交割糾紛等，展開分析。第三章以影響交割庫佈局的因素為切入點，分別對農產品、化工品、金屬和能源類期貨交割庫佈局的一般規律展開討論。第四章則主要從地域分佈、數量及庫容、管理的規範性、交割庫類型等角度，分析國內商品期貨交割庫的發展現狀。第五章分析了交割庫的風險。最後，第六章從政府和交易所兩個角度，提出了優化國內商品期貨交割庫的措施和建議。其中，第一章、第三章和第四章由崔中山撰寫，第二章、第五章和第六章由謝靈斌撰寫。

　　由於筆者水準有限，本書尚有許多不足之處，懇請讀者批評和指正。

目錄

第一章　概述 / 1
　　第一節　研究背景 / 1
　　　　一、理論背景 / 1
　　　　二、現實背景 / 2
　　第二節　相關概念界定 / 6
　　　　一、期貨市場與現貨市場 / 6
　　　　二、期貨與商品期貨 / 7
　　　　三、交割與商品期貨交割庫 / 8
　　第三節　本書的分析框架與主要內容 / 8

第二章　商品期貨交割制度 / 14
　　第一節　交割制度安排的幾種觀點 / 14
　　　　一、零交割觀點 / 14
　　　　二、限制交割觀點 / 14
　　　　三、無限制交割觀點 / 16
　　第二節　交割基本規定 / 18
　　　　一、交割標準品與替代品的規定 / 18
　　　　二、交割糾紛及違約的處理 / 22
　　　　三、交割結算 / 26
　　第三節　交割方式 / 28
　　　　一、集中交割與滾動交割 / 29

二、期貨轉現貨 / 33

　　三、車船板交割 / 39

　　四、提貨單交割 / 42

第四節　標準倉單的生成與流通 / 46

　　一、倉庫標準倉單 / 46

　　二、廠庫標準倉單 / 48

第五節　出庫復檢 / 51

　　一、倉庫交割產品 / 51

　　二、廠庫交割產品 / 52

第三章　商品期貨交割庫佈局的一般規律 / 53

第一節　影響商品期貨交割庫佈局的因素 / 53

　　一、現貨市場格局和品種特性 / 55

　　二、期貨市場活躍度 / 57

　　三、倉庫現狀 / 67

第二節　商品期貨交割庫佈局流程 / 69

　　一、初步調研 / 69

　　二、制訂交割庫佈局的初步方案 / 71

　　三、實地調研 / 71

　　四、形成交割庫佈局方案 / 71

　　五、公開徵集交割庫信息 / 71

　　六、審批、公布交割庫 / 72

　　七、監督、管理、評估 / 72

　　八、動態調整、完善 / 72

第三節　商品期貨交割庫佈局的一般規律 / 73

　　一、農產品期貨以產區為主，以集散地和銷區為輔 / 73

　　二、化工類期貨以銷區或集散地為主，以產區為輔 / 80

　　三、金屬類期貨以貿易集中區為主，以產區為輔 / 84

　　四、能源類期貨在交割庫佈局上，不同品種呈現不同特點 / 90

第四章　商品期貨交割庫發展現狀 / 93

第一節　交割庫地域分佈 / 93

一、地域的廣泛性 / 94

二、不同品種的差異性 / 95

三、交割庫主要集中於長三角、珠三角和環渤海地區 / 97

第二節　數量與庫容 / 101

一、交割庫數量呈動態調整 / 102

二、交割庫庫容根據市場情況進行優化 / 106

第三節　交割庫的形式 / 107

一、按交割庫類別 / 108

二、按交割庫的地位 / 110

第四節　交割庫管理 / 112

一、嚴格的交割庫資質審核 / 112

二、較為完善的交割庫考評管理 / 114

三、明確了交割庫的行為規範 / 116

第五章　商品期貨交割庫風險分析 / 117

第一節　庫容風險 / 118

一、風險分析 / 118

二、風險來源 / 123

三、預防庫容風險的案例 / 126

第二節　交割風險 / 127

一、風險分析 / 127

二、交割風險發生的原因 / 131

三、交割風險的預防措施 / 132

四、交割風險案例 / 135

第三節　操作風險 / 136

一、風險分析 / 136

二、操作風險發生原因 / 140

　　　　三、操作風險的預防措施 / 141

　　　　四、案例 / 143

　　第四節　期貨交易風險管理制度分析 / 144

　　　　一、保證金制度 / 144

　　　　二、當日無負債結算制度 / 146

　　　　三、漲跌停板制度 / 147

　　　　四、限倉制度和大戶報告制度 / 147

第六章　優化中國商品期貨交割庫的措施與建議 / 149

　　第一節　合理制定期貨交割庫發展規劃，加強對定點交割庫的管理 / 149

　　　　一、抓住期貨發展的歷史機遇期，合理規劃期貨交割庫 / 149

　　　　二、緊貼現貨市場，動態調整交割庫 / 150

　　　　三、建立健全定點交割庫和交易所的雙向監督約束機制 / 150

　　第二節　適時引進國際物流企業，加大對本土物流企業的支持 / 151

　　　　一、加快港口大宗商品物流服務體系建設 / 151

　　　　二、支持現有倉儲企業提升軟硬件水準 / 151

　　　　三、適時引進國際物流企業 / 152

　　第三節　建立和完善相關體制，進一步優化中國大宗商品期貨交割庫空間佈局 / 152

　　　　一、簡化審批登記制度，構建良好的投資環境 / 152

　　　　二、加強信息交流，提高地方政府和產業客戶對期貨市場的認識 / 153

　　　　三、進一步優化大宗商品期貨交割庫空間佈局 / 153

參考文獻 / 155

第一章 概述

第一節 研究背景

一、理論背景

(一) 期貨研究理論較為豐富，但交割地佈局研究基本處於空白

自1848年芝加哥期貨交易所建立以來，期貨就逐漸成為經濟學學科領域專家的研究主題。迄今為止，與期貨有關的研究涉及最多的是套期保值、期貨價格與現貨價格的關係。

Working（1952），Johnsont和Stein（1961），Gray與Rutledge（1971），Ederington（1979）等分別從不同角度探討了最優套期比率。後來的學者又先後引入計量經濟學模型或其他理論模型如小波分析來研究套期保值。價格發現是商品期貨市場的基本功能之一，雖然理論界對其界定有不同的表述，但總體來說，形成了分別以Samuelson和Hoffman（1932）等為代表的兩派觀點。前者認為，期貨價格發現是指期貨價格在理論上等於對期貨合約到期日的現貨價格的條件期望；後者則認為期貨價格發現功能是指期貨價格能夠提前反應現貨價格未來的變動方向或趨勢。目前，已形成的關於期貨市場價格發現功能的理論主要有蛛網理論、倉儲理論和持有成本理論。

國內對期貨市場的研究基本上都是在借鑑國外成熟理論的基礎上，從不同的角度如套期保值、價格發現、監管、制度設計等展開，或針對某一類或某個具體品種的期貨價格與現貨價格之間的均衡性來論述。

交割是商品期貨交易中的最後一環，也是期貨市場中價格發現和套期保值兩大基本功能實現的制度保證。理論界對交割作用的認識經歷了三個不同的階段，即零交割觀點、限制交割觀點、無限制交割觀點。目前，交割的重要性不

管是在理論界還是在實務界中，都已經得到廣泛的認可，但作為實現交割的物質載體的「交割庫」的相關研究極少，理論界也鮮有對交割地點佈局的研究。事實上，從公開發表的成果來看，目前對交割地點進行較為詳細論證的主要有安妮·派克和杰弗利·威廉斯所著（趙文廣等譯）的《期貨交割》一書。在該書中，作者認為：交割地的選擇與當地可供交割量有關，單一交割地點的價格會更加透明，多交割地點會引起基準交割地的現貨價格偏離期貨價格，因此，應當通過升貼水設置來減少價差，投資者選擇交割地點時也會考慮自己的貨物與升貼水的關係。

（二）商品期貨交割庫研究需充實發展

對交割庫的選址和佈局，目前主要有兩種理論，即單一交割地理論和多交割地理論。單一交割地理論認為交割的目的是保證商品期貨價格與現貨價格在交割月趨合，而並不是為對應商品提供買賣渠道，所以在條件許可的情況下，應盡可能只設置一個交割地點。多交割地理論則認為，在不同區域設置多個交割地點，有利於不同地區的企業參與期貨市場規避風險，並對物流和價格有傳導作用。當然，不可避免地，隨著交割區域的擴大，交易所在升貼水設置、交割庫庫容安排、交割庫管理等方面會加大難度。

隨著交易量的擴大，實踐證明，交易所在多個地點設置交割庫已不可避免。雖然交割地點的佈局或交割庫的選址，從狹義上來看屬於期貨交易所的範圍，或者是期貨經濟學領域的內容。但實際上，不管是國外還是國內，那些交易持續活躍，價格預測功能發揮較好的品種，其交割庫分佈在主產區、主銷區、中轉區或交通運輸便利的港口等處。因此，交割庫的佈局不僅與期貨經濟學，也與地理學、運輸經濟學、地方經濟學、甚至管理學等領域密切相關。事實上，在國內，能夠成為期貨交割庫是許多企業甚至地方政府孜孜以求的事情。如果某一地區的某家倉庫或企業被交易所批准為交割庫，對物流、交易集散地的形成、貿易方式、企業形象和實力、生產運輸方式都將產生影響。隨著新交易品種的不斷上市，交割庫數量增加也不可避免，這增加了經濟活動分析的複雜性。交割庫的研究，雖然仍以期貨市場為基礎，但也可以從其他角度如物流、產業集聚、經濟重構等方面展開。

二、現實背景

（一）商品期貨新品種不斷推出，成交量已躍居世界前列

自 1990 年 10 月鄭州糧食批發市場成立以來，中國商品期貨市場大致經歷

了試點和盲目發展階段、規範和整頓階段、穩步發展階段。1998年治理整頓中保留下來的12品種中,其中農業品占了10個,有色金屬品種為2個。2004年中國期貨品種上市取得了重大突破,一些影響國計民生的大品種如棉花、玉米、燃料油先後上市。至2017年年底,共有48個品種上市(見表1-1),基本上形成了涵蓋農產品、林產品、工業品、能源、貴金屬的產品體系。每家交易所都有自己的特色。大連商品交易所和鄭州商品交易所雖然都從農產品起家,逐步引入工業品,但前者主要是以某一個品種為主,逐漸形成上下產業鏈,而後者則是以點帶面,逐個突破。上海期貨交易所則以金屬、貴金屬、能源類品種為主。它們相互獨立,又逐步形成有所交叉的板塊。

表1-1　　　　　中國上市期貨品種一覽表

交易所	品種	代碼	上市時間	品種	代碼	上市時間
上海期貨交易所（SHFE）	銅	CU	1991年	線材	WR	2009年3月27日
	鋁	AL	1991年	鉛	PB	2011年3月24日
	鋅	ZN	2007年3月26日	白銀	AG	2012年5月10日
	天然橡膠	RU	1991年	熱軋卷板	HC	2014年3月21日
	燃料油	FU	2004年8月25日	瀝青	BU	2013年10月9日
	黃金	AU	2008年1月9日	鎳	NI	2015年3月27日
	螺紋鋼	RB	2009年3月27日	錫	SN	2015年3月27日
大連商品交易所（DCE）	黃大豆一號	A	1993年2月28日	焦炭	J	2011年4月15日
	黃大豆二號	B	2004年12月22日	雞蛋	JD	2013年11月8日
	豆粕	M	2000年7月17日	膠合板	BB	2013年12月6日
	豆油	Y	2006年1月9日	纖維板	FB	2013年12月6日
	玉米	C	2004年9月22日	聚丙烯	PP	2014年2月28日
	線形低密度聚乙烯	L	2007年7月31日	焦煤	JM	2013年3月22日
	棕櫚油	P	2007年10月29日	鐵礦石	I	2013年10月18日
	聚氯乙烯	V	2009年5月25日	玉米澱粉	CS	2014年12月19日

表1-1(續)

交易所	品種	代碼	上市時間	品種	代碼	上市時間
鄭州商品交易所（CZCE）	白糖	SR	2006年1月6日	油菜籽	RS	2012年12月28日
	棉花一號	CF	2004年6月1日	菜籽粕	RM	2012年12月28日
	強麥	WH	1998年11月27日（2003年3月28日恢復上市）	動力煤	ZC	2013年9月26日
	普麥	PM	1998年11月27日	粳稻	JR	2013年11月8日
	精對苯二甲酸	TA	2006年12月18日	晚秈稻	LR	2014年7月8日
	菜籽油	OI	2007年6月8日	硅鐵	SF	2014年8月8日
	早秈稻	RI	2009年4月20日	錳硅	SM	2014年8月8日
	甲醇	MA	2011年10月28日	棉紗	CY	2017年8月18日
	玻璃	FG	2012年12月3日	蘋果	AP	2017年12月22日

隨著新品種的不斷上市，以及期貨交易制度如限倉制度和大戶報告制度、保證金制度、價格漲跌停板制度、交割制度等的不斷完善，市場上形成逼倉的難度越來越大，機構投資者逐漸進入市場規避風險，市場成交量大幅增加。2009年，中國商品期貨成交量首次躍居世界第一，占全球的43%；2016年，商品期貨成交量達到41億手，成交金額突破177萬億元，中國已成為全球最大的油脂、塑料、煤炭、黑色建材期貨市場和第二大農產品、有色金屬期貨市場（見圖1-1）。

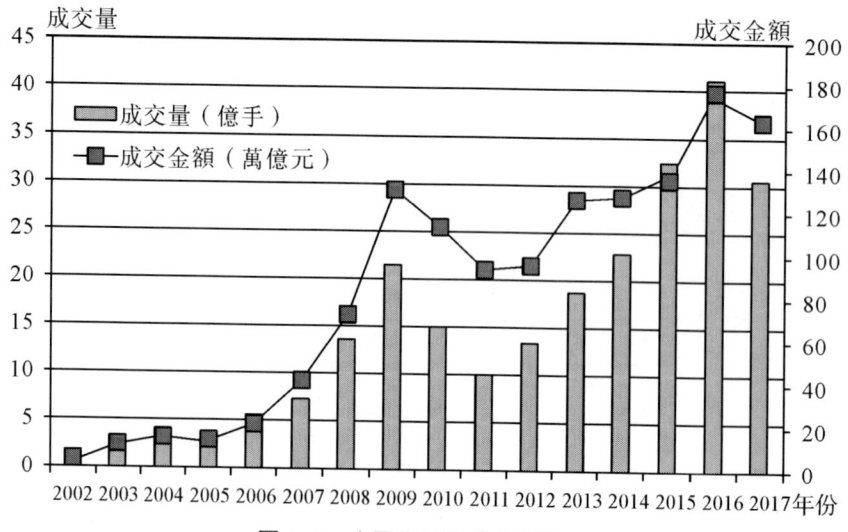

圖1-1 中國商品期貨成交情況

註：數據來源於中國期貨業協會網站。

(二) 商品期貨交割庫數量呈增加趨勢，交易所管理難度加大

在商品期貨市場建立之初的很長一段時間內，業內各部門未對交割產生足夠重視，認識上存在很多誤區。誤區之一，有些人認為交割率越低越好，實物交割無足輕重。這種認識源自西方成熟市場國家的交割率一般不超過5%。誤區之二，交割問題只在交割的最後階段才存在。因此，在20世紀90年代初期，交易所一般對交割率諱莫如深，認為交割率高是產品失敗的表現，部分交易所在交割規則中對某些品種的實物交割量會進行總量控制，而有些交易所的指定交割倉庫佈局不合理，庫容量得不到充分保障。但由於交割風險頻發，小品種暴漲暴跌損害了期貨市場的健康發展，後來大品種的交易量逐步上升，交割制度逐漸得到完善。

商品期貨交割的順暢進行不僅依賴於期貨交易制度的完善，也依賴於交割制度是否健全。而隨著外部市場環境的變化及不同品種的具體交易交割情況，交易所對交割庫的佈局、交割費用的增加或減少、交割方式、交割標準品和替代品的規定及升貼水都會做出適當的調整。在期貨市場建立初期，交割庫地點一般位於交易所所在地，並且各品種以單一交割地建庫的較多。但隨著期貨交易量的加大，上市品種的增加，參與交易的客戶數量增多，單一交割地很難滿足參與期貨市場的交易雙方對交割的需要，在極端情況下或運輸不暢時容易造成逼倉。目前，除西藏外，中國境內30個省、自治區和直轄市都設有期貨交割庫。幾乎所有品種現有交割庫數量都大於上市之初時的數量。

(三) 新的交割方式被創新出來，部分品種迎來重大轉機

交割方式是任何一個期貨產品必須面對的問題，交割方式不合理，對該品種上市後的正常運行會產生不利影響。根據不同的標準，目前國內商品期貨交割方式的大致劃分如圖1-2所示。

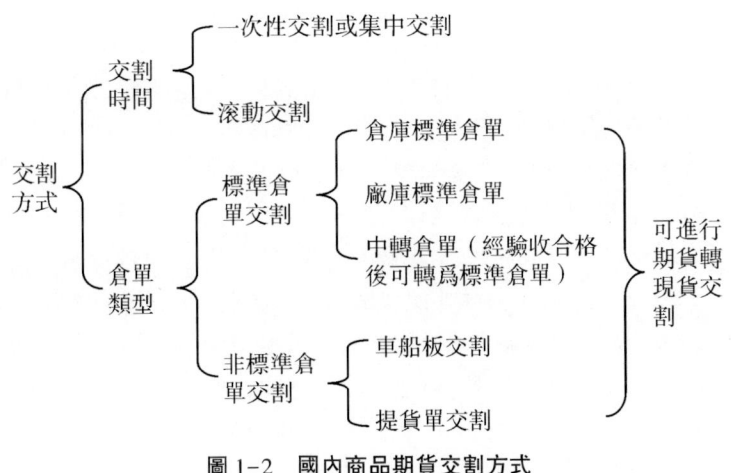

圖1-2　國內商品期貨交割方式

國內早期的交割全部採用的是倉庫標準倉單形式，但隨著新品種的不斷上市，期貨市場的規模持續擴大，能適合倉庫標準倉單交割的品種越來越少，因此，交割方式創新成為必然。

　　倉庫標準倉單一般要求產品耐儲藏、易保存，產區、銷區或集散地較為集中，且市場上有符合交易所交割條件的倉庫，國內目前約有一半的上市期貨品種全部用倉庫進行交割。但對於一些特殊品種如玻璃，由於體積大、單位價值低、搬運時易碎易破等特點，如果照搬以前經驗採用倉庫交割，顯然很難找到符合條件的社會倉庫；且把產品從生產廠家搬到交割倉庫，勢必會導致成本大幅增加，因此鄭州商品交易所在借鑑國外和國內豆粕交割經驗的基礎上，對玻璃實行了全廠庫交割，解決了無法進行倉庫交割的問題。另外，不同交易所對部分其他品種也進行了交割方式的創新，如大連商品交易所的豆粕、鄭州商品交易所的動力煤和粳稻及蘋果等。甚至對某些品種如玉米，交易所在條件合適時可能會推出集團廠庫倉單，即某集團廠庫倉單生成後，投資者可以協商，在該集團的全國所有倉庫選擇性提貨，實現「通存通兌」，以降低交割成本，方便投資者接貨。

第二節　相關概念界定

一、期貨市場與現貨市場

　　研究期貨市場的發展歷史，可以促進人們對這一市場的有效利用。期貨市場不是被發明出來的，也不是強加於那些存在著的行銷體系的，而是由於當時存在的行銷體制不完善，為適應行銷功能的行為需要而發展起來的（Thomas，1971）。托馬斯在《期貨交易經濟學》（托馬斯著，王學勤譯，2004）中提到，期貨市場是基於現貨商品經營商和加工商的風險問題、融資問題、庫存問題和定價問題而發展起來的。一般而言，期貨市場是商品合約的流通市場（陶琲等，1997），是期貨交易得以進行的場所。期貨市場是市場經濟發展過程中圍繞期貨合約交易而形成的一種特殊的經濟關係，是一種特殊的交易活動（段文斌，2003）。期貨交易必須按照特定的規則和程序在特定的場所內集中進行。期貨市場最初是從農產品市場發展起來的，20世紀70年代以來金融期貨得以迅速發展，現在的期貨市場不僅包括商品期貨市場，也包括金融期貨市場。但由於金融期貨是以匯率、利率、股指證券等為標的物，並不需要在確定的地點建立交割庫以進行實物交割，所以，本書所稱的期貨市場，如果沒有特別說

明，通常指商品期貨市場。

綜上所述，本書所指的期貨市場，是指按一定的規章制度買賣由期貨交易所統一制定的、規定在將來某一特定時間和地點，交割一定數量標的物的標準化期貨合約的有組織的市場。它包括期貨交易所、期貨經紀公司、期貨投資者和其他期貨參與者。其中，標的物主要限於有形的實物商品。

廣義的現貨市場，是指以實貨為交易對象的市場。它既包括錢貨兩訖的即時現金交易，也包括約定在未來一定時期內交收貨物的中遠期合同交易。隨著大宗商品市場的發展，借助於現代物流和電子商務的最新技術手段，中國部分省市先後建立了一批大宗商品電子交易市場，它雖然部分採用了期貨交易的規則和制度，但更貼近狹義的現貨市場。2014年1月由商務部、中國人民銀行、證監會聯合發布施行的《商品現貨市場交易特別規定（試行）》，對現貨市場的定義為：現貨市場是指依法設立的，由買賣雙方進行公開的、經常性的或定期性的商品現貨交易活動，具有信息、物流等配套服務功能的場所或互聯網交易平臺。本書在研究中所採用的是廣義的現貨市場的定義。

二、期貨與商品期貨

期貨（Futures），從字面上來看，是指一種遠期商品，該商品在合約簽訂或交易時尚未生產，或者是沒有實際交付。期貨與現貨（Actuals）是相對的概念，現貨通常指在交易過程中實際存在的可供交付、儲存或者使用的商品。期貨有狹義和廣義之分，狹義的期貨是指在交易所進行的期貨合約的買賣。其基本內容包括：參加期貨交易的買賣雙方都需要繳納保證金，委託經紀人在交易所內買賣期貨合約；合約是標準化的；交易雙方可以反向平倉結束合約或到期交割。廣義的期貨則還包括期貨選擇權合約的買賣。

本書採取狹義的期貨定義，即期貨是指由交易所統一制定的，規定在將來某一特定時間和地點交割一定數量和質量的實物商品或金融商品的標準化的合約。

期貨交易是從遠期交易逐漸發展起來的，最初合約標的物都是農產品，但後來合約標的物不僅有農產品、工業品及其他大宗商品，還包括利率、匯率、股票及股指等。根據上述標的物的不同，期貨可以分為商品期貨和金融期貨。商品期貨是一種在固定場所交易標準化的遠期合約的交易方式，即交易雙方在期貨交易所通過買賣期貨合約並根據合約規定在未來的某個特定時間和地點，對合同約定的商品進行交割的交易行為。在中國，商品期貨指由三大商品期貨交易所，即鄭州商品交易所、大連商品交易所、上海期貨交易所制定並上市的

標準化期貨合約，並不包括在中國金融期貨交易所上市的期貨品種。同時，本書中如果沒有特別說明，所涉及的期貨都是指商品期貨。

三、交割與商品期貨交割庫

交割是期貨交易的重要環節，是連接期貨市場和現貨市場的橋樑（Peck, 1972）（Peck et al., 1996）。芝加哥期貨交易所在《商品期貨交易手冊》中做出的定義是：交割是指期貨合約的賣方把現貨轉移給期貨合約的買方。它強調的是買賣雙方之間的現貨轉移。國內有學者認為，交割是指期貨合約的買賣雙方於合約到期時，根據交易所制訂的規則和程序，通過期貨合約標的物的實物所有權轉移，將到期未平倉合約履行實物交割，了結期貨交易的行為（陶珏等，1997）。商品期貨的交割通過實物交收進行，進入交割月後，未平倉或未能平倉的合約都有可能進行實物交割（趙汕，2009）。事實上，理解交割既可以從廣義的角度進行，也可以從狹義的角度進行。狹義上來看，交割就是指實物交割；廣義的交割則包括實物交割在內的所有交割形式，如現金交割、倉單交割、差價交割等。

中國三大商品期貨交易所上市的所有商品期貨品種，全部都採用實物交割方式，儘管各交易所在具體表述方面存在細小的差異，但本質上都一樣，所以，本書便以交易所的規定為準，並且本書中涉及的交割全部指的是實物交割。按照鄭州商品交易所的定義，交割是指期貨合約到期時，按照交易所的規則和規定程序，交易雙方通過該期貨合約標的物所有權的轉移，了結到期未平倉合約的過程。商品期貨交割庫則是指經交易所認定的，為期貨合約履行實物交割提供相關服務的場所。它既包括交割倉庫和交割廠庫，也包括車船板交割場所，但主要以交割倉庫和交割廠庫的形式存在。

第三節　本書的分析框架與主要內容

期貨市場作為一種高級市場形式，和各類各級市場相比較，有一個突出的特徵就是實行實物定點交割。實物定點交割的完成，離不開交割倉庫或交割廠庫，它是交易所上市期貨合約必不可少的條件，是確定合約基準價的依據。在期貨市場中，投資者只要選擇用實物交割來履行合約，就必然要通過註冊交割倉庫或廠庫來完成，沒有註冊交割庫，實物交割就無法完成。但是，迄今為止，在理論界，有關交割地點的研究基本處於空白。在各種媒體上，關於期貨

市場功能、監管、基本面分析和技術分析手段、交易所重組、經紀公司重組、代理行為法律關係等方面的文章較多，而有關實物交割，尤其是有關交割庫的研究文章卻難覓蹤影。因此，筆者在第一章中闡述了選擇商品期貨交割庫這一主題來進行研究的理由，並且從理論背景和現實背景兩個角度加以論證。商品期貨交割庫的發展離不開中國期貨市場的規範發展和完善。1998年中國最終保留下來三家商品期貨交易所。2004年一些事關國計民生的大宗商品如棉花、玉米、燃料油先後上市。自此以後，新的品種不斷推出，商品期貨市場進入了迅速發展的階段。隨著新品種的不斷推出和交易量的持續放大，商品期貨交割庫的數量呈不斷增加趨勢。2005年，國內共有154家交割庫，除豆粕同時設有交割廠庫和交割倉庫外，其他所有品種都只設交割倉庫。2018年年初，全國共設有840家交割庫，交割庫的形式涵蓋交割倉庫和廠庫及車船板交割場所。隨著交割庫數量的增多，交易所對其管理的難度自然加大。而且，隨著新的交割方式被創新出來，按照以前標準不適宜上市的品種迎來重大轉機。因此，如何加大創新力度，規範交割庫的管理，進一步促進期貨市場的發展，不僅是實務界，也是理論界需要關注的主題。

國內商品期貨市場上發生的大大小小的風險事件，基本上都集中在最後交割環節爆發。人們對交割作用的認識，也經歷了零交割觀點→限制交割觀點→無限制交割觀點的轉變，即從認為交割是多餘的環節，最終轉變為認為交割是促進期貨價格和現貨價格趨合的制度保證這一過程。在第二章中，筆者對中國商品期貨交割的歷史軌跡進行了剖析，認為實物交割大致經歷了三個階段：第一階段，人們對交割作用的認識存在誤區，零交割觀點在市場中有廣泛的影響，各交易所都採取措施限制實物交割；第二階段，交割限量雖已經放開，但人們仍然主張對交割量加以限制，通過限制交割來增加投機者的人數；第三階段，交割風險的頻發，使得人們對交割作用的認識也發生了變化，認識到交割具有調節經濟的功能，交割環節的經濟活動將導致期現價格趨合，因此，人們雖然不鼓勵交割，但也不再限制交割。

交割制度是交易所規範不同交易品種交易行為的一系列制度和文件的統稱，也是期貨市場辦理實物交割業務遵循的行為準則，包括倉單的註冊和註銷、品種交割流程、交割質量、交割費用、交割糾紛和違約的處理、交割方式等。第二章對實物交割制度的論述，首先從交割標準品和替代品的規定入手。交割品的設計必須以現貨市場為基礎，要能夠反應、概括現貨市場上標的商品的總體要求和主要貿易活動。為防止逼倉發生，交割標準品的設計和替代品的選擇，應考慮市場上的可供交割量。隨著行業標準的變化或技術的提高，當現

货市场上的贸易习惯发生变化时，交割质量也应根据市场环境变化做出适时调整。实物交割中，发生纠纷最多的环节一般是产品质量，因此，三大商品期货交易所对违约的认定，以及违约的处理措施都做出了较为详细的规定。其次，第二章对交割方式进行了分类，并就每种不同分类标准下的具体交割方式进行了分析。按照交割时间的不同，交割方式可以分为集中交割和滚动交割。目前，上海期货交易所全部采用集中交割，该方式的优点是相对来说手续比较简单，交割效率高，买卖双方平等，信息一目了然。当然，集中交割也存在一些不足，比如，由于集中在短短的几天内完成全部实物交割，一旦某个环节出现问题，可能会引发连锁反应。而且卖方为了降低交割费用，会倾向于延后入库，交割的集中，有可能超出交割仓库的库容水准。当仓库出入库能力不足时，容易引发矛盾。所以集中交割发生多逼空的概率比滚动交割要高。滚动交割的优点是期现价格趋合较好，交割风险更低，且交割库的库容压力更小。缺点则是对交易所和会员的要求比集中交割更高，在卖方具有主动权的情况下，买方有可能被动配对。期货转现货是随着外部市场环境的发展，为满足不同期货套期保值者的灵活性需求而产生的一种特殊交割方式。期货转现货的实现，需要具备较为苛刻的条件，一般是在现货市场中具有合作关系的企业才能达成。目前，国内上市的所有品种都可以通过期货转现货了结期货合约，它以灵活性强，有利于降低交割成本和提高资金利用效率而受到越来越多产业用户的青睐。车船板交割，是给现货商提供了更多选择权和业务回旋余地的一种创新的交割方式，国内可以采取该方式的产品有普麦、油菜籽、苹果、动力煤和鸡蛋。提货单交割由大连商品交易所首创，并在铁矿石合约中执行。提货单交割只有在对双方都有利的情况下，才能触发交割，因此，相对期货转现货来说，能节约搜寻成本和谈判成本。最后，第二章对标准仓单的生成和流通进行了分析。标准仓单可以分为仓库标准仓单和厂库标准仓单。国内所有的商品除玻璃和棉纱外，全部都可以采用仓库标准仓单进行交割。第二章以大连商品交易所为例，对仓库标准仓单生成流程进行了较为详细的分析，另外对仓库和厂库两种标准仓单交割的异同进行了对比，认为厂库交割虽然交割成本较低，但可能会引起公平问题。因此，交易所应当多点设库，以防止价格和货源垄断。

　　第三章首先从影响商品期货交割库布局的因素入手，认为现货市场的格局如产销情况、商品集散和中转状况、物流运输和地区差价关系、期货成交活跃程度、现有仓库的硬件设施和分布情况等，都会对期货交割库的布局产生实质性影响。其次，第三章对国内交割库的布局流程进行了分析，总体来说，布局流程包括以下几个阶段：初步调研、制订交割库布局的初步方案、实地调研、

形成交割庫佈局方案、公開徵集交割庫信息、審批和公布、監督和管理及評估、動態調整並進一步完善。最後，第三章對國內不同種類期貨的交割庫分佈特點分別進行了分析。農產品受自然因素影響較大，且產區較為集中，消費卻較為分散，因此，其交割庫佈局呈現以產區為主，集散地和銷區為輔的特點。化工類產品經過多年高速發展，部分產品所屬行業產能過剩較為嚴重，且它的價格同時受國內和國際經濟因素影響。國內上市的化工類期貨，上游原材料大都受到國際市場影響，產能有過剩現象，競爭比較激烈，所以在交割庫的佈局上，貼近消費市場的較多，或者是沿進出口港口附近佈局。金屬類期貨品種主要在上海期貨交易所上市，部分產品進口依存度較高，主要通過港口進行中轉，部分產品國內產能過剩嚴重。因此，交割庫的佈局以貼近消費市場為主，或者是貼近經濟比較發達的沿海地區。能源類已上市品種包括燃料油、瀝青、焦炭、焦煤和動力煤。上市的部分品種如焦煤，國內儲量極為豐富；而另一些品種如燃料油，其上游原材料來自原油，國內大量依靠進口。因此，能源期貨產品交割庫佈局既有以銷區為主的，也有以進出口中轉港口為主的，還有兼顧產區和銷區佈局的。第三章不僅對各大類品種的交割地佈局進行了分析，而且對各大類品種中的具體產品的交割地佈局也進行了較為詳細的分析。

　　第四章從交割庫的地域分佈、數量和庫容、交割庫的形式、交割庫的管理入手，主要分析了中國商品期貨交割庫的現狀。當前，中國境內31個省、自治區和直轄市中，除西藏外，其他30個省份都設有交割庫，交割庫的地域分佈極為廣泛，但呈現不平衡性。其中，交割庫主要集中於長三角、珠三角、環渤海等經濟發達地區，經濟欠發達地區交割庫的數量明顯偏少，即使有，也基本上以資源類或者是農產品類為主。如新疆只有棉花，甘肅和青海只有硅鐵，寧夏只有錳硅，貴州則有一家錳硅交割廠庫和建設銀行分行的一家黃金期貨交割金庫，湖南和江西則以稻類為主，四川則是油菜籽系列。從三大交易所交割庫的佈局上看，上海期貨交易所交割庫主要設置在華東地區；大連商品交易所交割庫則從早期的大連地區擴展到華北、華東和東北地區；鄭州商品交易所交割庫主要分佈於華北、中西部地區以及華南地區。縱觀中國商品期貨市場交割庫的發展趨勢，可以看到，交割庫的地域分佈由單一地點向多地點轉變，交割庫的數量呈持續增加態勢，目前，國內已擁有840家交割庫。目前的交割庫與早期相比，種類更加豐富，不僅有交割倉庫，還有交割廠庫和交割金庫，以及車船板交割場所。當然，在上述所有類型中，仍然以交割倉庫為主。目前，除玻璃和棉紗外，所有品種都設有交割倉庫，玻璃和棉紗是僅有的兩個只設有交割廠庫的品種。在交割庫數量持續增加、地域分佈極其廣泛的情況下，交易所

採取了一系列較為嚴格的制度對其進行管理，主要措施有：嚴格的交割庫資質審核、較為完善的考評標準、對交割庫的行為規範加以明確。上述制度的實施，有效地保障了交割的順利進行。

　　第五章從期貨交割庫的角度出發，對其業務辦理中所面臨的幾類風險進行了分析。①庫容風險，是指交割倉庫因倉儲儲存空間有限，或者是交割廠庫受制於生產能力或儲存空間，而無法滿足註冊倉單者或註銷倉單者實物交割的需要，從而導致行為人遭受損失的不確定性。庫容風險具有突發性、不確定性和可控性的特點。一旦庫容不足，交易所可以通過啟用備用交割庫、適時對庫容進行調整來降低該類風險的發生。由於廠庫交割在商品完成全部加工過程之前，標準倉單可以提前簽發，為防止庫容風險、交割風險及操作風險，交易所不僅要求交割廠庫繳納交割擔保金或風險抵押金，簽發倉單時，必須有銀行出具的保函或100%的現金擔保。庫容風險的來源既有市場供需方面的，也有交割庫自身佈局方面的。②交割風險，是指投資者在到期日無法實現交割而造成的風險。交割風險具有擴散性、不確定性和可控性的特點。主要表現形式有違約風險、市場風險、交易制度不完善而隱含的交割風險。回顧中國期貨市場創立以來發生的幾次交割風險大事，無一例外都是大戶操縱市場帶來的結果；深層次的原因則是交易所管理不規範，定點交割庫的管理未充分就位，等等。為預防交割風險的發生，交易所應制定嚴密的制度釋放臨近交割月風險；除此以外，需確保倉單註冊註銷渠道暢通，並加強定點交割庫的管理。③操作風險，是指不完善或有問題的內部程序、人員及系統，或者外部事件給期貨交割所造成的風險。撇開期貨的因素不談，其實，操作風險一直伴隨人類社會而存在，且它是可控的，與人類活動呈現高度相關性。操作風險的主要表現有違規風險、保管風險、詐欺風險以及自然災害引起的風險等。對交割庫來說，操作風險發生的原因主要是內部控制不健全、員工對業務流程不熟悉、現貨市場行為方式的影響以及自然因素影響等。為減少操作風險，交易所可以採取合理選擇和管理指定交割庫、加強內部機制控制、加強交割庫相關人員培訓、建立適當的激勵機制等措施。

　　期貨市場是一個高風險的場所，交易的每一個環節如果管理不到位，都有可能引發風險。交易中每一個參與的機構，由於自身管理不善或其他原因，都有可能放大局部的小風險，最後導致期貨市場的劇烈波動。事實上，期貨市場中不同機構和不同主體相互作用、相互依存，期貨市場的風險管理也是一項系統工程。因此，在第五章中，專門用一節分析了期貨交易的保證金制度、當日無負債結算制度、漲跌停板制度、限倉制度和大戶報告制度，力求使大家對期

貨交易的風險管理制度有一個比較全面的瞭解。當然，除此之外，期貨市場也採取了其他的制度來保證交易的正常進行，以便降低風險事件發生的概率。

期貨市場的發展和完善，離不開政府、交易所和企業的支持。交割庫是為期貨交易雙方提供實物交割的履約場所，它的合理佈局，對活躍期貨品種有重要影響。第六章主要從交易所和政府兩個不同角度，對優化中國商品期貨交割庫提出了一些建議和措施。①交易所方面。交割庫的設置，要以現貨市場為基礎，並隨著現貨市場的變化做出動態調整。交易所應抓住中國期貨發展的歷史機遇期，合理規劃交割庫的佈局，同時加強對交割庫的管理和監督，保證實物交割按照規章制度和流程辦理。同時，條件具備時，可考慮讓已在中國開展業務的國外物流企業作為交割庫，學習國外先進的管理經驗，以期更好地為期貨市場服務。②政府方面。由於港口地理位置的特殊性，國內很多交割庫都佈局在港口附近。但由於交易所對交割庫的軟硬件和周邊基礎設施要求較高，所以倉儲企業在前期投入較高。因此，地方政府應積極支持本區域內經濟實力較強、財務狀況良好且提出申請的企業成為定點交割庫，在前期的軟硬件投入方面提供政策支持。期貨市場雖然需要大量投機者，但這個市場設立的最初目的，主要是減少價格波動對企業的影響。如果千千萬萬的中小企業能夠主動通過期貨市場規避價格波動風險，就說明期貨市場已經進入一個成熟的發展階段，而不僅是一個投機者的市場。所以說，中小企業的興旺和發展，為期貨市場提供了不竭的動力和源泉。為促進中小企業的發展，政府應簡化審批登記制度，構建良好的投資環境，並在金融和財稅上提供支持。另外，交易所、行業協會及政府可共同努力，加大對期貨市場的正面宣傳，推動社會各界對期貨市場的認識趨於理性，營造有利於期貨市場發展的輿論環境，培育成熟的期貨市場投資者。

第二章　商品期貨交割制度

交割制度的首要目標是促使期貨價格和現貨價格趨合，其次是降低交割成本和提高倉單串換效率。廣義的交割制度不僅包括所有與實物交割環節相關的條例與規範，也包括商品期貨合約的設計，如限倉制度、大戶報告制度、保證金制度、漲跌停板制度、強行平倉和套期保值申請制度等。狹義的交割制度則是指期貨交易所為規範不同交易品種的交割行為，對倉單的註冊和註銷、品種交割流程、交割質量、交割費用、交割方式、交割違約及糾紛的處理等進行規定的制度規範。本書研究涉及的交割制度都是指狹義的交割制度。

第一節　交割制度安排的幾種觀點

交割始於交易所為多空雙方標準化合約的配對，終於該標準化合約執行的結束。對交割尤其是實物交割作用的重要性，隨著人們對期貨市場認識的深入，先後出現了三種觀點。

一、零交割觀點

該觀點由托馬斯·A. 希隆尼在1977年提出。他所著的《為了商業利益和個人利益》一書首次提出了零交割的觀點。他認為：一個運行正常的市場幾乎不進行交割，達成期貨合約並不是為了交換所有權；存在大量交割的市場是失敗的，因為大量的交割說明合約數量失衡，這種失衡或對多頭有利或對空頭有利；按照零交割理論設想，實物交割就成為多餘的環節。在期貨市場中，由於實物交割率較低，很容易得出實物交割對該市場並沒有較大作用的結論。

二、限制交割觀點

交割風險的發生反應了人們對期貨市場本質規律認識的不足，也促使人們

對該市場的三類交易者（套期保值者、投機者、期現套利者）進行了重新認識，同時人們對交割能防止市場操縱和抑制逼倉的作用基本上達成了共識。相對於零交割觀點，限制交割觀點主張對交割量加以限制，通過限制交割來增加投機者的人數。因為該觀點認為：投機者可以增加市場的流動性，承擔了套期保值者轉移的價格風險；如果沒有投機者的存在，套期保值及套利者很難在一個雙方都能接受的理想價格之下達成協議，所以投機者有利於商品銷售和金融工具的交易。

零交割觀點和限制交割觀點在中國期貨市場發展的初期被廣泛應用，是期貨交易所和期貨公司制定交割政策的主要理論依據。該觀點的應用，使得國內在相當長的一段時間內，業內各部門未能對交割環節引起足夠重視，認識上存在很多誤區。

誤區之一，有些人認為交割率越低越好，實物交割無足輕重。這種認識源自西方成熟市場國家的交割率（交割量與成交總量的比率）一般不超過5%。由於人們對美國芝加哥期貨交易所的交割量缺乏系統的研究，以致誤認為交割量少。那裡大品種期貨成交量較大，雖然交割率低，但從絕對數量來看，交割量一般不低。實際上，芝加哥期貨交易所主要農產品期貨小麥、玉米和大豆的交割量遠遠大於人們普遍感覺到的水準，從1964—1965作物年度到1986—1987作物年度，小麥期貨合約交割的絕對數量平均約為1,500萬蒲式耳，在最高年份達到了1.02億蒲式耳，即使在最低年份也有3萬蒲式耳；玉米平均為2,000萬蒲式耳，最低為3萬蒲式耳，最高為1億蒲式耳；大豆平均為2,400萬蒲式耳，最低為6萬蒲式耳，最高為1.9億蒲式耳。更深入的研究發現，儘管不同月份的交割量及不同年份的平均交割量變化較大，但交割規模仍在不斷的擴大。換言之，這三個商品市場的交割水準都呈現長期上升的趨勢。所以對交割率的認識要有一個客觀的態度，不能走極端。

誤區之二，交割問題只有在交割的最後階段才存在。實際上交割問題貫穿期貨交易的始終，從最開始標準化合約設計有關交割的條款，到交易中間階段的期貨成交數量和是否有逼倉風險，再到實際交割中交割量的大小和交割能否順利進行，所有環節中的因素都會影響到期貨市場兩大功能的實現和合約的流動性。因此，交割處理成功與否，將關係到該上市期貨品種能否活躍。

由於國內對交割的重要性認識不夠，國內學術界對有關的理論研究嚴重不足，存在諸多問題，如交易與交割的關係、交割倉庫的選擇和地位及升貼水的設計依據和調整方法、交易所與交割倉庫的法律關係、交割率的定義和計算方法及經濟學意義、交割量與市場流動性的關係等。這一時期由於理論界沒有在

理論上對上述問題加以論證，從而無法給期貨實務界提供有價值的指導。

國內期貨市場發展的初期，由於理論上對交割的研究不夠，以及認識上的偏差，導致在實踐中存在大量的問題。如很多交易所和期貨公司，對交割量諱莫如深，認為交割量大是合約失敗的表現。在交割制度方面，現金交割、差價交割、交割總量控制等手段被廣為使用，但由於使用不當，一定程度上助長了逼倉行為，擾亂了市場和價格。當這些明顯的錯誤隨著市場的規範逐漸銷聲匿跡之後，一些新的障礙或阻止交割的行為又開始出現，如：控制交割貨物入庫節奏、根據需要掌握驗收標準、不公布或不完全公布倉容和庫存量，使交割量可大可小、收放自如。上述情況之所以在20世紀90年代初期屢有發生，與當時的現實環境有極大關係。當時，交易所為了生存和發展，必須擁有自己的特色品種。在品種資源極其有限的情況下，每個交易所要想自己的市場活躍起來，形成指導價格，同時不受其他交易所相同品種價格的影響，就不得不在合約的設計上做文章，於是就出現了相同的品種不同的合約，合約的不同又主要表現為交割方面的差異。

三、無限制交割觀點

19世紀末20世紀初英國著名經濟學家馬歇爾提出的短期均衡期貨價格理論認為：期貨價格的變動必須以現貨市場為基礎，為了使期貨價格能圍繞現貨價格上下波動，就必須有規範的實物交割，因為當期貨價格高於現貨價格過多時，交易者會在現貨市場買進商品並通過期貨市場賣出，反之，則通過期貨市場買進而在現貨市場賣出，交割環節的經濟活動將導致期貨價格與現貨價格趨合。如果沒有實物交割，期貨價格的變動就會脫離現貨市場，期貨市場就會成為一個純粹的投機場所。因此對期貨交割不應該加以限制，因為正常情況下，交割具有經濟調節功能，交割環節的經濟活動將導致期貨價格和現貨價格趨合。後來一些著名的經濟學家如凱恩斯、薩繆爾森、希金等發表的有關期貨的理論，雖沒有明確提出無限制交割觀點，但其理論依據在他們的思想中都可以找到。

交割風險頻發的現象促使人們意識到任何可能的導致交割性扭曲上漲的市場都是不可持續的。當期貨合約有關交割環節的設計存在漏洞時，這些漏洞就有可能被利用和放大，並出現操縱市場、扭曲價格、牟取暴利等過度投機的行為。這促使人們意識到，期貨交易必須堅持以下幾條原則：期貨價格與現貨價格的基本關係不能改變，實物交割是套期保值的一種方式的觀點不能改變，期貨交易所必須作為賣方的買方和買方的賣方，制定交易規則、完善合約設計應

充分體現發現價格、套期保值功能這一基本出發點。

　　無限制交割觀點被實際應用的標志性事件是 1996 年 9 月 24 日證監會發布的《關於加強期貨交易實物交割環節管理的通知》（證監期字〔1996〕12 號），該通知規定：①凡對實物交割實行總量控制的交易所，自無持倉合約月份或新推出的合約月份起一律取消對實物交割進行總量控制的有關規定；②各交易所要與指定交割倉庫簽訂書面協議，明確雙方的權利、義務和法律關係，加強對指定交割倉庫的管理；③各交易所要建立指定交割倉庫年度考核制度，並在本年內按年度考核制度對所有指定交割倉庫進行一次全面考核。對軟硬件不符合條件的倉庫和違反交易所有關規定、向操縱市場者提供方便的倉庫，取消其指定交割倉庫的資格；④各交易所要根據期貨品種的現貨產銷情況對現有指定交割倉庫的佈局、庫容、質檢等情況做一次論證，對其中不合理和不適合實物交割要求的部分提出整改方案，並盡快進行調整改進。該通知同時要求各交易所在 1996 年年底前落實上述規定並報告證監會。該通知是中國證監會首次正式取消對實物交割進行總量控制的文件。

　　1996 年 11 月 25 日執行的《關於期貨交易所披露交易、交割有關信息的通知》，要求期貨交易所必須：在每日閉市後，公布當日成交量前 20 名會員名單及其成交量，公布多空持倉量及前 20 名會員名單及其持倉量；每週五閉市後，公布各合約註冊倉單數量和已申請交割數量；最後交割日結束後 5 個交易日內公布交割配對結果和實物交割量。

　　隨著《關於規範期貨交易保證金管理問題的通知》《關於規範交易所信息披露有關事項的通知》《關於標準倉單沖抵期貨交易保證金問題的補充規定》等相關文件的頒布，交易保證金、信息披露等得到了更進一步的規範。交割限量的放開及交易和交割制度的逐漸規範，一方面打擊了市場操縱者，加大了市場操縱者逼倉的難度；另一方面促進了套期保值商及現貨商參與和利用期貨市場，市場中產業客戶的比例越來越高。

　　1998 年 8 月國務院發布的《關於進一步整頓和規範期貨市場的通知》，將原有的 14 家期貨交易所進行整頓及撤並，最終保留了上海、大連和鄭州 3 家交易所、12 個交易品種，其中農產品 8 個，改變了以前相同交易品種不同交易所上市交割形式不同的局面，實現了交割方面的統一。隨著監管體制、規章制度、投資者教育及市場結構調整等方面的不斷完善，期貨市場逐步步入穩步發展階段。今天，無限制交割觀點已經成為指導中國期貨市場交割的理論基礎。當然，無限制交割並不等於鼓勵交割。

第二節　交割基本規定

交易所在規範不同品種的實物交割行為過程中，對交割制度的制定既要考慮各個品種的具體差異，也需要遵循一些基本原則。

第一，貼近現貨。期貨高於現貨，但來源於現貨。一般來說，能夠成為期貨品種並上市交易的產品，其現貨市場的生產和消費量都比較大，而且產品的供求關係不穩定，產品價格波動大。因此，企業需要利用期貨市場交易集中、信息廣泛的優勢來規避風險。交割制度需參照現貨市場的地理條件、季節性條件、運輸方式、儲存習慣、產品特點等來設計，不能改變長期市場行為中已形成的物流流向和交易習慣。也就是說，現貨市場的發展程度直接左右著期貨市場功能的發揮以及交割條款的設計。

第二，規則要公平。交割條款應綜合考慮參與各方特別是倉庫方、買賣雙方的利益，制度設計的實質就是在他們之間取得綜合平衡。要考慮到規則實施或者不能實施的多種情況，並採取預防措施；不能出現資金上的缺口和制度漏洞。交割規則需符合現行的法律，不能出現違反法律的條款。交割制度的條款設計應當簡單明了，利於各方理解和掌握。

目前，三大交易所的具體交割條款存在差異，但總體來說，基本內容相差不大，所包括的內容主要有：交割方式、倉單的生成與流通、出庫復檢、交割費用、交割流程、交割標準品與替代品的規定、交割結算、交割糾紛的處理等。其中，前三者在本章中單獨論述，交割費用在其他地方已進行說明，此處不再贅述。

一、交割標準品與替代品的規定

商品期貨合約是標準化的條款，包括價格、數量、品種、質量、交割地點、結算、違約等內容，這裡面除了價格可以變化外，其他所有條款都是標準化的。商品期貨合約中最難以確定的是交割地點的選擇和交割質量標準，它也始終是交割中出現問題最多的地方。因此，下面將對交割質量進行分析，交割地點的選擇將在後續章節專門討論。

（一）交割等級條款應以現貨市場為基礎

制定等級條款是交易所面對的一個複雜難題。交割品質需要能夠反應、概括現貨市場上標的商品的總體要求和主要貿易活動，必須制定出可供交割商品

的基準等級，以及替代可供交割商品的等級與升貼水，同時與現貨市場的交易習慣和流通習慣保持一致。如果交割標準制定得過於嚴格，導致可供交割量不足，則會降低大戶操縱市場的困難程度；反之，如果交割標準制定得過於寬鬆，經驗表明，這種條款或者對多方有利，或者對空方有利，交易量就會下降並最終停止。

對交割質量的規定一般由交易所完成。傳統的操作方法是，交易所通常選取現貨市場中貿易量最大的品種作為基準交割品，然後根據現貨市場上的質量差劃分為不同的等級，並依此設計升貼水。升貼水設計的基本思路是：把期貨市場上的可交割物分成幾個不同的等級，其中必有某個等級的標的物是標準等級，其他等級的標的物為替代品；將替代品等級跟標準品等級進行比較，如果某一替代品等級比標準品等級高，則是升水，反之則為貼水，同時根據現貨市場的價格變化，適時對升貼水進行調整。從本質上來看，標準品和替代品的升貼水關係，實際上是由於質量差別形成的價格差額，它包括品種差價、品質差價、等級差價、規格差價、新陳差價等，這些統稱為質量差價，即質量升貼水。

工業品是規模化生產，產品的質量標準更易制定，檢測指標相對容易量化；而農產品除了受自然因素影響較大外，跟中國的生產方式也有很大的關係，所以在中國的交割質量糾紛案中，涉及農產品的比涉及工業品的要多。

（二）交割標準品和替代品的規定應考慮可供交割量

現貨商品規避價格波動的理想模式是：在現貨市場買、賣商品的同時，在期貨市場賣、買期貨，從而鎖定價格波動風險。商品的市場價格波動主要受該產品的供給和需求的影響，也就是說，任何減少供應或增加消費的行為都有可能導致價格上漲，任何增加供應或減少消費的行為都有可能導致價格下跌。對於期貨商品來說，現貨市場不同的供應量和需求量、交割等級品的規定都會影響到交割行為。如果現貨市場供應充足，交割標準品規定過於寬鬆，會引起可供交割量的大幅增加。反之，當現貨市場需求量過大，期貨交割等級品過於嚴格時，特別是在現貨市場運行不規範、信用機制不完善的情況下，會導致可供交割量不足。這是因為期貨交易是標準化合約，交易標的物有質量保證、交貨及時和按時回款等特點，所以現貨市場的購買者願意通過實物交割來實現購買目的，避免信用風險和現貨糾紛。

同一種商品不管是在質量上還是在等級上，都會存在很大的差別，進而在價格上會表現出差異。但是在期貨合約中，必須為標的物設置一個標準，只有符合這一標準的現貨商品才屬於期貨合約標的範疇，也就是說，在質量上期貨

商品必須具備相同的品質特徵，其用途、功能甚至感觀在本質上應是單一的，那些個性強、具有獨特特徵的商品是不能用來進行期貨交易的。為保證現貨市場上的商品能夠在一定程度上滿足交割需要量，還必須有適當的滿足條件的替代品。這樣做，一方面在合約到期時便於交割，提高交割效率，減少交割糾紛，降低交割成本；另一方面可以讓期貨價格更好地與現貨市場的價格趨合。

對於高度標準化的期貨合約來說，交割標準品的規定，應當以現貨市場為基礎，選擇占該類商品絕大部分比重的標準品規格，從制度上保證合適的供應量，促進充分競爭。如果交割標準品的規定過於嚴格或完全脫離現貨市場，導致滿足交割條件的商品過少，那麼，在交割月，多頭很容易一邊在現貨市場購進商品控制可交割量，一邊在期貨市場拉抬價格，利用錢比貨多的情況逼倉。如果交割標準品的規定過於寬鬆，會增加定點倉庫庫存壓力，削弱期貨市場對現貨市場的示範、引導作用。

（三）實物交割的空方對交割商品擁有更多選擇權

目前中國實行的是無限制交割的政策，但為了減少過度投機的風險，中國在交割月會採取上調保證金和限倉措施，導致一部分希望交割的機構因資金不足而提前平倉。現行的交割制度下，賣方具有更多的選擇交割商品質量和發貨地點的權利，在備貨時可以清楚地計算出質量升貼水、運費成本等，當期貨價格高於現貨價格、交割成本和備貨成本之和時即可賣出套利。買方只能在倉單註銷以後才能知道貨物質量情況和接貨成本，並被動地支付升水金額。所以相對來說，賣方在進行交割時比買方更具有優勢，也更主動。

（四）交割標準品的規定應根據市場環境變化做出適時調整

交割產品的各項指標設計以現貨市場為基礎，當現貨市場的環境發生變化時，期貨產品的交割標準也需要隨著外部市場的變化而變化。由於空方在交割方面具有選擇權，通常傾向於選擇最便利的交割品；由於多方一般沒有選擇權，當接到該批不符合自己要求的貨物時，會面臨處理的難題。另外，現貨市場不同等級商品的價格經常發生變化，甚至劇烈波動，而期貨交割規則卻遵循著一套固定的升貼水標準，如果期貨市場頻繁調整質量升貼水，會讓交易者無所適從。但當現貨市場的品級標準、生產技術水準或其他因素發生變化，適當的調整仍然必不可少。

下面以鐵礦石為例進行闡述。

鐵礦石於 2013 年 10 月 18 日在大連商品交易所上市，初期制定的標準品和替代品質量要求如表 2-1 和表 2-2 所示。自上市以來，該品種交易比較活躍，實物交割量較大，2014 年至 2017 年實物交割量分別為 3,600 手、4,300

手、22,100 手和 7,500 手，企業通過期貨市場規避風險的積極性較高。

表 2-1　　　　　　　　　鐵礦石標準品質量要求

指標	質量標準
鐵（Fe）	=62.0%
二氧化硅（SiO_2）	≤4.0%
三氧化二鋁（Al_2O_3）	≤2.5%
磷（P）	≤0.07%
硫（S）	≤0.05%
微量元素	鉛（Pb）≤0.10% 鋅（Zn）≤0.10% 銅（Cu）≤0.20% 砷（As）≤0.07% 二氧化鈦（TiO_2）≤0.80% 氟+氯≤0.20% 氧化鉀（K_2O）+氧化鈉（Na_2O）≤0.30%
粒度	至少 90% 在 10 毫米以下，且最多 40% 在 0.15 毫米以下

註：資料來源於大連商品交易所網站。

表 2-2　　　　　　　　鐵礦石替代品質量差異與升貼水

指標	允許範圍	升貼水（元/噸）
鐵(Fe)	≥60.0%且<62.0%	每降低 0.1%，扣價 1.5
	>62.0%且≤65.0%	每升高 0.1%，升價 1.0
	>65.0%	以 65.0% 計價
二氧化硅(SiO_2) + 三氧化二鋁(Al_2O_3)	≤10.0%	在二氧化硅>4.0%時，二氧化硅每升高 0.1%，扣價 1.0 在三氧化二鋁>2.5%時，三氧化二鋁每升高 0.1%，扣價 1.0
磷(P)	>0.07%且≤0.10%	每升高 0.01%，扣價 1.0
	>0.10%且≤0.15%	每升高 0.01%，扣價 3.0
硫(S)	≤0.20%	>0.05%且≤0.20%時，每升高 0.01%，扣價 1.0
粒度	至少 70% 在 0.075 毫米以下	0

註：資料來源於大連商品交易所網站。

鐵礦石是鋼鐵的主要原材料。全球著名的三大鐵礦石企業為澳大利亞的力拓、必和必拓，以及巴西的淡水河谷。儘管國內鐵礦石儲存較為豐富，但貧礦多，富礦少，且開採成本高，環境污染大。所以國內大量進口鐵礦石，且從澳大利亞進口最多。在早期鐵礦石價格高企時，企業為降低成本，同時大量使用進口鐵礦石和國內鐵礦石。但是，隨著中國國內環境保護力度的加大，鋼鐵行業去產能目標的貫徹實施，鋼鐵企業為保證產量、追求利潤，逐漸優先使用高品種礦種，少用非主流品種，導致不同品種之間的價差擴大。現行的鐵礦石交割標準和升貼水已與現貨市場存在一定的脫節。雖然現貨市場上仍然以鐵品位在 62% 左右的 PB 粉和紐曼粉為主流，該品位價格也成為市場上公認的鐵礦石價格風向標，但是交易所設置的一些指標值過於寬鬆，使得部分非主流品種進入交割範圍，加大了多方的交割成本。因此，中國交易所在 2017 年 9 月對鐵礦石標準品和替代品的標準進行了修訂，並從 1809 合約開始執行。

　　新修訂方案仍沿用了鐵品位為 62% 的主流礦品種，交割標準品指標在保持二氧化矽、三氧化二鋁、磷等指標不變的前提下，將硫含量降為 0.03%。這是因為鐵礦石中硫含量高，會降低鋼的塑性、韌性和疲勞強度，也會加重環境污染。另外，新方案調低了微量元素鉛、鋅、砷的含量。理由是：這些物質也是鐵礦石中的有害元素，鉛會破壞高爐爐底，鋅會引起爐襯膨脹而破壞爐殼，砷會降低鋼鐵焊接性能。同時，新方案縮小了鐵礦石粒度範圍，力求使鐵礦石大小更均勻。當然，在指標的設計上還需考慮市場上的可供交割量，避免逼倉行為發生。所以，新方案在替代品的指標設計上，不僅增大了升貼水幅度，還在考慮現貨市場上可供交割量的基礎上，適當調整了部分指標。總體來說，基於環保要求和企業實際情況，交割標準品的指標是趨嚴的。

二、交割糾紛及違約的處理

　　實物交割中涉及的主體主要有四類：期貨多空雙方、交割倉庫或交割廠庫、期貨交易所。引起交割糾紛或違約的因素既有人為的，也有非人為、不可控的，如何對不同原因引起的糾紛或違約事件進行公正和公平的處理，不僅涉及當事方的切身利益，也會影響期貨市場的健康發展。

　　當買方和賣方之間出現交割糾紛或違約時，或交割倉庫出現違約時，交易所要不要承擔連帶責任？雖然市場中有一些爭議，但各方目前在實務操作中基本上達成了共識，即交易所需承擔連帶責任，同時保留對違約方追償的權利。這是因為，第一，期貨交易畢竟不同於現貨交易，雙方成交時並不知道對方的身分，交易所實際上承擔著買方的賣方和賣方的買方的責任，以保證合約的履

行，如果交易所不承擔責任，那麼一旦出現問題，從經濟人的角度考慮，他一定會選擇推脫責任，這時「保證合約全面履行」就成為一句空話。第二，中國期貨交易所是經過國務院期貨監督管理機構的審批成立的，按照《期貨交易管理條例》第七條規定：期貨交易所不以營利為目的，按照其章程的規定實行自律管理，期貨交易以其全部財產承擔民事責任。第十條規定：期貨交易所應當依照本條例和國務院期貨監管管理機構的規定，建立、健全各項規章制度，加強對交易活動的風險控制和對會員以及交易所工作人員的監督管理。期貨交易所履行下列職責：①提供交易的場所、設施和服務；②設計合約，安排合約上市；③組織並監督交易、結算和交割；④為期貨交易提供集中履約擔保；⑤按照章程和交易規則對會員進行監督管理；⑥國務院期貨監督管理機構規定的其他職責。期貨交易所不得直接或者間接參與期貨交易。第三十七條規定：會員在期貨交易中，期貨交易所先以該會員的保證金承擔違約責任，保證金不足的，期貨交易所應當以風險準備金和自有資金代為承擔違約責任，並由此取得對該會員的相應追償權。第三十八條規定：實行分級會員分級結算制度的期貨交易所，應當向結算會員收取結算擔保金。期貨交易所只對結算會員結算、收取和追收保證金，以結算擔保金、風險準備金、自有資金代為承擔違約責任，以及採取其他相關措施。從上述規定可以看出，雖然交易所有責任和義務保證履約，但是也保留了向違約方追索的權利。

（一）買賣雙方的糾紛和違約及其處理

買賣雙方發生交割糾紛最多的地方是對質量的認定。為了保證交割的順利進行和減少糾紛，三大商品期貨交易所根據各自的實際情況和產品的不同特徵，分別制定了交割細則，對各品種詳細規定了標準品的質量要求、替代品的質量要求和升貼水。但交割是實務性很強的工作，做到對質量無任何異議基本上是不可能的，也是不現實的。在交割糾紛的認定和處理上，各交易所儘管有些細微的區別，但總體來說，遵循的都是誰有問題誰負責的原則。

上海期貨交易所規定，自然人客戶是不能交割的，不能交付或者接收增值稅專用發票的客戶也不能交割。自然人客戶在規定時間內必須平倉，如果不平倉，交易所會採取措施強行平倉。

實物交割必須在合約規定的交割期內完成，交割期為該合約最後交易日後的連續五個工作日。在交割期前，貨主在向指定交割倉庫發貨前，通過會員辦理入庫申報，得到批准後，商品運抵交割倉庫。指定交割倉庫按交易所有關規定對到貨及相關憑證進行核驗，貨主應當到指定交割倉庫監收，如果不到庫監收，視為同意指定交割倉庫的驗收結果。當標準倉單合法持有人提貨時，指定

交割倉庫對標準倉單審核無誤後予以發貨。貨主可以自行到庫提貨或委託指定交割倉庫代為發運，但委託指定交割倉庫代為發運時貨主應當到庫監發。貨主不到庫監發，視為認可指定交割倉庫發貨無誤。實物交割完成後，若買方對交割商品的質量、數量有異議的（天然橡膠、白銀有異議的交割商品應當在指定交割倉庫內），應當在實物交割月份的下一月份的 15 日之前（含當日，遇法定假日時順延至假日後的第一個工作日）向交易所提出書面申請，並應當同時提供該交易所指定的質量監督檢驗機構出具的質量鑒定結論。逾期未提出申請的，視為買方對所交割商品無異議，交易所不再受理對交割商品有異議的申請。對於交割的螺紋鋼、線材和熱軋卷板，每批商品的有效期應當涵蓋本次交割的最後交割日。即使交割螺紋鋼、線材和熱軋卷板的每批商品的有效期截止時間早於質量異議期的提交截止時間，如果該批商品的質量鑒定結論為不合格，賣方對該批交割商品的實際質量仍需承擔全部責任。

　　上海期貨交易所對買賣雙方交割違約的認定如下：在規定交割期限內賣方未能如數交付標準倉單的、在規定交割期限內買方未能如數解付貨款的、賣方交付的商品不符合規定標準的，發生交割違約時，交易所會在違約發生當日 16:30 以前通知違約方和相對應的守約方。守約方應當在接到交易所通知的下一交易日 11:00 以前將終止交割或繼續交割的選擇意向書面遞交交易所，逾期未提交選擇意向的，交易所按終止交割處理。終止交割後，交易所交割擔保責任終止，並向守約買方退還貨款，或向守約賣方退還標準倉單。如繼續交割，交易所則在違約的下一交易日組織徵購或發布標準倉單競賣公告，如七日內沒有成功，則由違約方向守約方支付 15% 的賠償金。若買賣雙方都違約，交易所按終止交割處理，並對雙方分別處以違約部分合約價值 5% 的罰款。

　　鄭州商品交易所規定：不能交付或接收增值稅專用（普通）發票的客戶不能交割，自然人客戶到期需自行平倉，否則，交易所將強行平倉。三大交易所都有上述規定。交割商品辦理交割預報後入庫時，貨主需到場監督，驗收結果須經倉庫和貨主認可並簽字。入庫商品的質量檢測，根據具體品種，採取的措施有所區別，部分品種由交易所規定的質檢機構實施，部分品種由交易所組織實施，部分品種由交割倉庫組織實施。商品出庫時，除動力煤外，買方需到場驗收並監裝、監運。買賣雙方如對計量衡器的準確性持有異議，可申請對計量衡器進行檢測，費用由過錯方承擔。

　　鄭州商品交易所規定：車船板交割時，賣方貨物存放機構必須達到交易所規定的條件，如果達不到，賣方須承擔由此產生的相應責任。動力煤車船板交割檢驗在裝車船過程中進行，買賣雙方需到場，現場檢驗的質檢報告將作為貨

物質量判定的依據。如雙方對檢驗結果有異議，不能協商解決的，動力煤買賣雙方中任何一方自收到質檢結果之日（不含該日）起5個工作日內向交易所書面提出復檢申請，並預交復檢費用，復檢僅限一次，費用由過錯方承擔。動力煤之外的其他品種發生質量爭議時，應及時通知交易所。雙方把復檢樣品共同寄送至交易所指定的質檢機構或者雙方認可的檢驗機構進行復檢，復檢結果為貨物質量判定的依據，寄送及復檢費用由雙方共同承擔。

鄭州商品交易所對交割違約的認定包括：規定期限內，賣方未能如數交付標準倉單的或未能如數交付實物的，買方未能如數解付貨款的；車船板賣方交割的貨物質量不符合交割質量規定的；交易所認定的其他違約行為。按照誰違約誰承擔責任的原則，鄭州商品交易所規定構成違約的，由違約方支付違約部分合約價值（按交割結算價計算）20%的違約金給守約方，雙方交割終止。

大連商品交易所對提貨單交割規定一般由買方委託質檢機構進行，質量驗收時雙方需到場，若不到場視為同意。如賣方對買方出具的檢驗結果有異議，應在買方提交檢驗報告的下一個交易日閉市前向交易所提出復檢申請。交易所在指定質量檢驗機構中選取復檢機構，以卸貨時的抽樣存樣的復檢結果為解決爭議的依據。逾期未提出申請的，視作對檢驗結果無異議。賣方提出爭議時，復檢費用由賣方先行墊付，復檢結果與原檢驗結果的差異在相關標準規定的合理誤差範圍內的，由此產生的費用（包含檢驗費、差旅費等）由賣方負擔；否則，該費用由買方負擔。該所對交割違約的認定包括：在規定期限內，賣方未能如數交付標準倉單的，買方未能如數解付貨款的。如發生交割違約，由違約方支付違約部分合約價值20%的違約金給守約方，買賣雙方終止交割。若買賣雙方都違約的，交易所按終止交割處理，並對雙方分別處以違約部分合約價值5%的罰款。

（二）交割倉庫的違約及其處理

商品的入庫、出庫和保管都是由交割倉庫完成的，交割倉庫有責任和義務把商品保管好，交易所在實物交割過程中起著仲介作用，應當明確其與交割倉庫的權利義務關係，交割倉庫的規範管理是解決交易所和交割倉庫及交易雙方之間糾紛的根本辦法。經過多年的發展和實踐，目前，關於交割的進行，在上述四者之間已形成了較為規範的制度。

上海期貨交易所對交割商品的入庫出庫的流程和驗收有專門的規定，當貨主與指定交割倉庫就交收的商品檢驗結果發生爭議時，一般通過雙方會驗的方式解決；也可以提請交易所指定的質量檢驗機構復驗，復驗結果為解決爭議的依據。如果指定交割倉庫出具虛假倉單，標準倉單所示商品中有牌號、商標、

規格、質量等混雜的情況，交割商品與單證不符，交割商品沒有或缺少規定的證明文件，交割商品的捆數、塊數、包裝要求和交易所規定不符，未完成規定的檢驗項目而出具倉單，錯收錯發，因保管不當引起儲存商品變質、滅失，在搬運、裝卸、堆碼等作業過程中造成包裝和商品損壞，商品交割中濫行收費、違反期貨交割業務規則，限制、故意拖延交割商品的入庫、出庫，對上述行為，交易所將責令交割倉庫改正，並沒收違規所得。情節較輕的，給予警告，可以並處 1 至 10 萬元的罰款；情節嚴重的，通報批評、公開譴責、減少核定庫容、暫停交割業務、取消其交割倉庫資格、宣布為「市場禁止進入者」，沒有違規所得或違規所得在 10 萬元以下的，可以並處 10 至 50 萬元的罰款；違規所得在 10 萬元以上的，可以並處違規所得一倍以上五倍以下的罰款。

　　大連商品交易所規定當商品入庫、出庫時，貨主應當到庫收監發。貨主不到庫監收監發的，則視為貨主對指定交割倉庫所收所發的實物的重量、質量沒有異議。大連商品交易所對貨主與指定交割倉庫就商品質量檢驗結果發生爭議時，品種不同，處理措施也稍顯不同，但基本上包括提出復檢申請、由交易所指定的質量檢驗機構進行復檢，復檢結果為解決爭議的依據。復檢費用由提出爭議者或提貨方先行墊付。復檢結果與指定交割倉庫的檢驗結果相符，由此產生的一切費用（檢驗費和差旅費等）和損失由提出爭議者或提貨方負擔。如果不相符，該費用和損失由指定交割倉庫負擔。

　　鄭州商品交易所要求交割倉庫繳納交割擔保金，以作為交割倉庫履行義務的保證，交割擔保金的利息歸交割倉庫所有，利率按同期銀行活期利率每年計算一次。當由於交割倉庫的原因造成標準倉單持有人不能行使或不能完全行使標準倉單權利的，交割倉庫應當承擔賠償責任；賠償不足的部分由交易所按有關規定補充賠償，補充賠償後，交易所有權對交割倉庫進行追償。

　　總體來說，三大交易所對交割糾紛與違約的處理遵循了權責對等原則，即違約方承擔責任，過錯方賠償損失。當然，交易所為減少風險，保證履約，相應地採取了一些措施，如：要求指定交割倉庫向交易所繳納風險抵押金；交割廠庫開出標準倉單時，需要有交易所認可的擔保方式；商品入庫時，貨主需繳納交割預報定金；等等。

三、交割結算

　　交割結算依然遵守現貨市場的交易規則：交貨方把貨物交付給對方並收到貨款，收貨方支付貨款並收到貨物。也就是說，符合交割條件的雙方沒有選擇對沖平倉，在合約到期後，買方按照期貨合約的規定支付貨款，賣方按照期貨

合約規定的商品數量、質量、時間和地點向買方交割實物。由於期貨市場中，實行的是保證金和每日無負債結算制度，並有組織嚴密的交易所提供平臺組織交易。因此，實物交割雙方並不直接交換貨物，而是由交易所集中組織配對。在中國的期貨市場中，由於沒有設立統一的清算所，清算任務實際上由各交易所下轄的風險管理子公司或清算部門負責，交易所事實上承擔著共同對手方的任務。因此，為了保證合約的履行，交易所都制定了自己的交割結算制度。國內三大交易所的交割結算流程雖然在細節上存在差異，但基本上差別不大。圖2-1為倉庫標準倉單的交割結算流程。

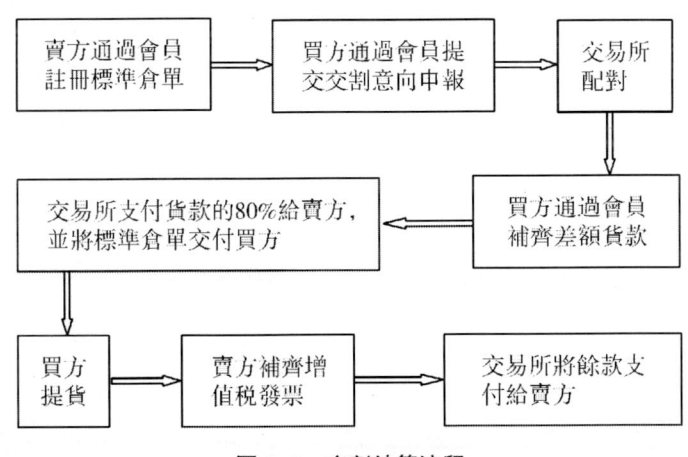

```
賣方通過會員      →  買方通過會員提   →  交易所
註冊標準倉單          交交割意向申報      配對
                                            ↓
交易所支付貨款的80%給賣方，  ←  買方通過會員
並將標準倉單交付買方            補齊差額貨款
    ↓
買方    →   賣方補齊增     →   交易所將餘款支
提貨        值稅發票            付給賣方
```

圖 2-1　交割結算流程

從圖 2-1 可以看出，期貨交割結算與現貨交割結算存在一定的區別。

（一）現貨市場中買賣雙方直接接觸

在現貨市場中，交易雙方直接簽訂合同，通常是一手交錢，一手交貨，或者分期交付貨款和分期交貨。現貨市場中一般是一對一的談判，具體內容由雙方商定，簽訂之後如果不能兌現就要訴諸法律。而在期貨市場中，買賣雙方並不直接接觸，甚至互不相識，如果要進行實物交割，需要借助雙方會員和交易所來辦理，雙方一對一的談判一般是不被允許的，甚至被視作違法。

（二）期貨市場結算款通過會員辦理

現貨市場中，發貨方發送貨物後，收貨方直接把貨款支付給對方。但在期貨市場中，賣方只能通過會員向交易所提交申請，並把貨物運送到指定交割倉庫，交割倉庫檢查無誤後，才能簽發倉單。經過交易所配對，買方憑已註冊的倉單才能到指定倉庫提貨，貨款支付也是通過會員提交到交易所，由交易所再支付給賣方。

第三節　交割方式

　　一個期貨新品種上市後能不能成功，跟交割制度設計合理與否有密切的關係。交割方式作為交割制度的重要組成部分，如果選擇不當，會影響上市品種的健康運行。從本質上講，交割方式是期貨市場和現貨市場的對接機制。這種對接機制要做到兩點：一是交割順暢，二是促進期貨價格在交割月向現貨價格趨合。因此，交割方式的設計應有利於：符合要求的商品順利註冊成倉單、買主順利接貨、交割成本和管理費用降低。

　　商品期貨的交割方式多種多樣，按照不同的標準可以分成不同的類型。國內曾經出現過或現在已有的交割方式有現貨實物交割、標準倉單交割、現金交割、差價交割、協商交割、期轉現、車船板交割、提貨單交割、廠庫交割、保稅交割等。國外除了有上述交割方式的一部分外，還有其他一些特殊的交割方式，如期貨轉掉期、備用交割程序等。各種方式不僅有各自的特點，並且在應用中又有交叉的地方。中國三大交易所目前實行的交割中並沒有現金交割和差價交割，因此，實務中不管用何種方式進行交割，最終的結果都是賣方交割貨物，買方付款後獲得貨物，所以中國商品期貨的交割最終指的都是實物交割。

　　期貨市場的交易者可以簡單地分為投機者和保值者，投機者的交易量遠遠大於保值者的交易量。在進入或即將進入交割月之際，期貨交易者有兩種選擇：一是對沖手中持有的合約以免除到期履行合約的責任；二是在到期月履行合約，承擔責任，執行交割平倉。因此，實物交割對平衡投機者和保值者兩者之間的關係至關重要。在實物交割中，多方要有足夠認購資金，空方必須備有足夠的現貨，並且實物交割量通常不高於現貨庫存水準。下面就對中國目前的交割方式進行探討。

　　為提高交割的靈活性，減少定點倉庫的庫容壓力，交易所嘗試推出了多種不同的交割方式，這些方式拓寬了現貨商的交易渠道或者降低了他們的交割成本。如期轉現，對交割品的限制較少，只要交易雙方達成一致即可，同時也可以減少迂迴運輸的費用。另外，廠庫交割不僅可以有效降低交割成本，免去將交割商品運到指定交割倉庫的運輸成本、裝卸和短途倒運成本以及入庫商品的檢驗成本等，而且該種方式與現貨市場購銷區別不大，方便現貨商操作，因此更容易吸引和帶動現貨商進入期貨市場。

一、集中交割與滾動交割

按照交割時間的不同，交割方式可以分為集中交割（大連商品交易所稱作一次性交割）和滾動交割。目前，上海期貨交易所的所有品種都實行集中交割；大連商品交易所的所有品種都可以一次性交割，另外，該所的黃大豆一號、黃大豆二號、豆粕、豆油、玉米、玉米澱粉還可以滾動交割；鄭州商品交易所的所有品種都採取滾動交割（見表 2-3）。

表 2-3　　　　　　　　　集中交割和滾動交割品種

交易所	集中交割	滾動交割
上海期貨交易所	銅、鋁、鋅、天然橡膠、燃料油、黃金、螺紋鋼、線材、鉛、白銀、熱軋卷板、瀝青、鎳、錫	—
大連商品交易所	黃大豆一號、黃大豆二號、豆粕、豆油、玉米、玉米澱粉、線形低密度聚乙烯、聚氯乙烯、聚丙烯、棕櫚油、焦炭、焦煤、鐵礦石、雞蛋、膠合板、纖維板	黃大豆一號、黃大豆二號、豆粕、豆油、玉米、玉米澱粉
鄭州商品交易所	—	白糖、棉花一號、棉紗、強麥、普麥、精對苯二甲酸、菜籽油、油菜籽、菜籽粕、甲醇、玻璃、動力煤、粳稻、早秈稻、晚秈稻、硅鐵、錳硅、蘋果

（一）集中交割

集中交割是指在合約最後交易日後，交易所對所有未平倉合約持有者進行交割的交割方式。在進行配對過程中，如果信息越明確，因素越確定，則越容易配對，配對結果更能減少買方的不確定性。所以在配對過程中，不管是集中交割還是滾動交割，交易所會公布賣方所持有的倉單信息，並要求買方申報交割意向，提交品種、型號、數量、指定交割倉庫名稱等信息。

1. 集中交割的配對方式

採取集中交割的，在最後交易日後，所有未平倉合約的持有者應當以實物交割方式履約，客戶的實物交割應當由會員辦理，並以會員名義進行。同一客戶持有同一合約的買賣部分，交易所自動平倉，平倉價按照交易所規定的結算價格計算。

上海期貨交易所的集中交割與大連商品交易所的一次性交割，基本流程是相同的，即最後交易日（含當日）前都不會交割，賣方先註冊標準倉單，買方提交申報意向，交易所組織配對，買方付款後，交易所把標準倉單通過會員交付買方，賣方交付增值稅發票給買方。但是在具體操作上存在區別（如圖2-2、圖2-3所示）。

上海期貨交易所規定，最後交易日結束後的連續五個工作日，分別稱為第一、第二、第三、第四、第五交割日，第五交割日為最後交易日。增值稅發票在第五交割日須由賣方提供給買方。

大連商品交易所交割期只有三天，為最後交易日後的連續三個工作日，分別稱為標準倉單提交日、配對日、交收日。對於大部分品種，賣方應在配對日結束後七個交易日內把增值稅發票交付給買方。

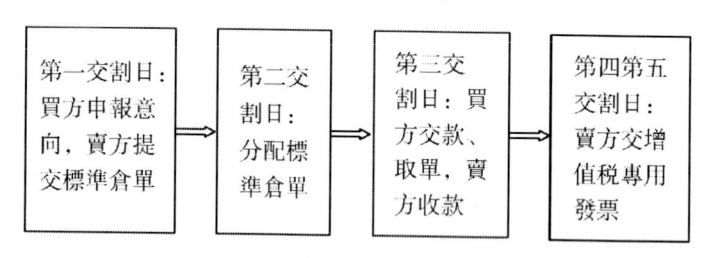

```
┌─────────┐   ┌─────────┐   ┌─────────┐   ┌─────────┐
│第一交割日：│   │第二交 │   │第三交 │   │第四第五 │
│買方申報意 │──▶│割日： │──▶│割日：買│──▶│交割日： │
│向，賣方提 │   │分配標 │   │方交款、│   │賣方交增 │
│交標準倉單 │   │準倉單 │   │取單，賣│   │值稅專用 │
│         │   │       │   │方收款 │   │發票    │
└─────────┘   └─────────┘   └─────────┘   └─────────┘
```

圖 2-2　上海期貨交易所集中交割流程

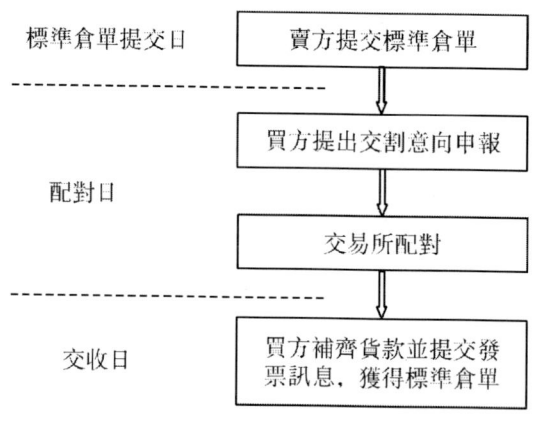

```
標準倉單提交日        ┌──────────────┐
                    │賣方提交標準倉單│
                    └──────┬───────┘
       - - - - - - - - - - │ - - - - - - - -
                           ▼
                    ┌──────────────┐
                    │買方提出交割意向申報│
                    └──────┬───────┘
   配對日                   ▼
                    ┌──────────────┐
                    │   交易所配對  │
                    └──────┬───────┘
       - - - - - - - - - - │ - - - - - - - -
                           ▼
   交收日            ┌──────────────┐
                    │買方補齊貨款並提交發│
                    │票訊息，獲得標準倉單│
                    └──────────────┘
```

圖 2-3　大連商品交易所一次性交割流程

2. 集中交割的利弊

集中交割的利表現在以下三方面。

第一，集中交割相對來說手續比較簡單，在規定的時間內交易所對未平倉合約按結算價格平倉，集中配對和統一組織交割，交割效率高。

第二，集中交割買賣雙方平等。這是因為，交易所會公布賣方所持有的標準倉單的具體信息，買方可根據公開的信息申報交割意向，交易所按照「時間優先、配對數最少」的原則配對後，買方對自己接貨地點確定性較強，不會出現買方沒有申請交割、被動配對進入交割的情況。

第三，集中交割簡單明了。買賣雙方按照交易所的規定，按照流程申請即可，信息一目了然。

當然，集中交割也有一些不利的地方。

第一，多逼空的概率較滾動交割要高。在期貨價格高於現貨價格有「多逼空」的可能性時，相對於滾動交割，集中交割中多頭更容易成為主力的跟隨者並形成聯盟。這是因為在集中交割的情況下，一旦市場出現不利局勢，散戶具有船小好掉頭的優勢，市場只要有一點流通性就可以反向平倉出局，所以散戶很容易變成堅定的跟隨者，如此眾志成城，多逼空的概率就會提高。

第二，容易造成交割的集中。實物交割中除了運輸費用和現貨產品的購買價格外，通常還有倉儲保管費等，賣方為了降低交割費用，會傾向於延後入庫，從而造成交割的集中，有可能超出交割倉庫的庫容水準。同樣的原因，接到倉單的買方也有可能集中到倉庫提貨，倉庫在出入庫能力不足或其他情況下，會延長出庫時間。對於某些價格波動特別大的產品，出庫時間非常敏感，可能會因為出入庫速度引起客戶與交割倉庫的矛盾。

第三，有時間局限。由於交割要在較短的時間內完成，需要開展組織貨源、物流運輸、倉庫發貨等一系列工作，如果某一個環節出現問題，可能會引起連鎖反應。

(二) 滾動交割

滾動交割是指進入交割月後的每一個交易日，由持有標準倉單（已凍結的除外）和交割月單向賣持倉的賣方客戶主動提出，並由交易所組織匹配雙方在規定時間完成交割的交割方式。

滾動交割實行三日交割法，目前大連商品交易所部分品種可以採用滾動交割，鄭州商品交易所的所有商品均實行滾動交割。

1. 滾動交割的配對方式

滾動交割的配對原理與集中交割區別很小，如鄭州商品交易所規定：自進入交割月第一個交易日至最後交易日的前一交易日，賣方通過會員提出標準倉單交割申請；買方會員在會員服務系統回應賣方會員的交割申請；交易所按確認結果配對；買賣雙方確認交割通知單；買方結清貨款，賣方交付標準倉單。同集中交割一樣，買賣雙方的所有交易需通過會員完成。

在該種方式下，配對時間在最後交易日之前都可以進行，且交易和交割同時進行。如果當天有賣方提出滾動交割意向，提請滾動交割的買方將優先參與配對，如果沒有買方提出交割意向，交易所將選取持倉時間最長的多頭配對。如果當天沒有賣方提出意向，買方提出的申請也將自動作廢，所以賣方更有主動權。

2. 滾動交割的利弊

相較於集中交割，滾動交割的優點有三點。

第一，期貨價格和現貨價格趨合性較好。商品現貨市場由於受供應、天氣狀況、運力、信息等因素的影響，很難形成全國集中性的交易，也就很難形成權威性的現貨價格。如果採用滾動交割，完成一次交割需要三個工作日，一般遠小於交割當月第一個交易日至最後交易日的時間，所以在交割月中接到倉單的買方又可以交割出去。連續多次交割增加了市場的可供交割量，使買賣雙方在多次的博弈中實現價格的均衡，促使期貨價格趨向現貨價格，實現期貨市場的價格發現功能。

第二，交割風險較低。對於交割量比較小的品種，滾動交割更有利於減少交割風險。這是因為在商品期貨市場上，資金的流動速度比商品的流動速度要快。投機者可以利用錢比貨多的情況，憑藉雄厚的資金實力，通過大量持有多倉抬高期貨價格，使持有空倉的交易者無法選擇平倉，從而在交割月無法完成交割以達到逼倉的目的，獲取暴利。但是在滾動交割中出現多逼空的趨勢時，多方很難形成堅定的同盟，存在著「囚徒困境」的博弈，投機主力並不想接到現貨，只是希望跟風的散戶來承擔實盤壓力；而且投機主力一旦交割接到實物，在現貨市場處理實物不僅要花費成本，自己也可能因並不擅長處理現貨產品以致發生較大的經濟損失，所以最好的辦法是立即把接到的倉單又用於交割。同時投機者擔心在「擊鼓傳花」的游戲中接到最後一棒，部分意志不堅定的多頭就會擇機平倉出局，這樣就會瓦解多頭聯盟，一定程度上減少交割風險。

第三，可以降低交割倉庫的庫容壓力。在中國的商品期貨市場上，因為有限倉和強制性平倉以及臨近交割月提高保證金的規定，所以在交割月或臨近交割月，交易一般都很清淡，期貨合約流動性差。因為快到交割月時，影響商品價格的因素逐漸明朗，投機者會選擇平倉出局，所以持有到交割月的合約以實物交割為目的的較多。由於交割當月的任何一個交易日都可申請交割，賣方就可選擇在自己最有利的情況下申請交割，以降低交割成本。買方接到倉單後，可根據自己的情況選擇提貨時間。在交割倉庫庫容有限、交割量大的情況下，

可以減緩交割倉庫出入庫的壓力。

相較於集中交割，流動交割的缺點主要表現在以下兩方面。

第一，對交易所和會員的交割要求更高。滾動交割流程儘管與集中交割相似，但買賣雙方在交割月的任何一個交易日都可提出交割申請，這對交易所來說，交割工作更為複雜。

第二，買方有可能被動配對進入滾動交割。在該種方式下，賣方具有主動權，只要賣方提出交割申請，交易所即按照「申報交割意向的買持倉優先，持倉時間最長的買持倉優先」原則選取買持倉進行配對，買方即使沒有申請滾動交割，也有可能被動配對進入滾動交割。從另一方面來看，這種方式會減少逼倉發生的可能性。

二、期貨轉現貨

期貨轉現貨是指持有同一交割月份合約的多空雙方之間達成現貨買賣協議後，按照現貨協議進行與期貨合約標的數量相同、品種相同、方向相同的現貨交換，變期貨部位為現貨部位的交易。目前中國上市的所有期貨品種，都可以期貨轉現貨，其中又包括標準倉單和非標準倉單兩種類型。

期貨轉現貨是隨著外部市場環境的發展，為滿足不同期貨套期保值者靈活性需求而產生的一種特殊的交割方式。該種方式允許期貨交易者就交割產品的價格、質量、運輸方式等的具體內容進行協商，滿足了交易雙方的多樣化需求。期貨轉現貨源自美國，並在其他國家廣泛應用。目前，世界上許多商品期貨交易所都允許使用該種交割方式。

（一）期貨轉現貨操作方式

買賣雙方要達到期貨轉現貨的協議，一般需要具備以下條件。

第一，買賣雙方持有相同品種、相同到期月份的合約，並且方向相反，數量相等。

第二，必須在規定的時間內申請期貨轉現貨。

第三，期貨價格與現貨價格需保持在合理的價差範圍內。

在實踐中，能夠達成期貨轉現貨交易的，一般在現貨市場中有合作關係。比如生產企業，在生產經營過程中，與上游的原材料供應商或下游的加工商通常都有長期、固定的合作關係，當市場價格發生變化，它們對價格的變化可能會存在分歧，此時便容易達成協議。因為要到市場上找到符合要求的對手進行交易，相對來說難度較大。當然，隨著科技的發展，以及交易所所採取的許多積極措施，如實物交割方面的業務培訓、交流平臺的建立、更多信息的發布，

交易雙方偶然進行期貨轉現貨的比例在逐漸增加。標準倉單的期貨轉現貨，交易所提供擔保，可以保證合約的履行；對於非標準倉單的期貨轉現貨，交易所一般不負責結算和履約擔保，部分交易所如大連商品交易所可接受委託辦理，但能不能保證合約的執行和貨款的交付，卻依賴於雙方的信用認可程度。

國內三大商品期貨交易所進行期貨轉現貨的基本原理是相同的，但在具體處理細節上存在一些差別（見表2-4）。

表2-4　　　　　　　三大商品期貨交易所期貨轉現貨比較

項目	鄭州商品交易所		上海期貨交易所		大連商品交易所	
	標準倉單	非標準倉單	標準倉單	非標準倉單	標準倉單	非標準倉單
期限	合約上市之日至最後交易日		合約上市之日至交割月份最後交易日前二個交易日		合約上市之日至交割月前一個月倒數第三個交易日（雞蛋非標準倉單及黃大豆二號除外）	
申請時間	交易日14:30以前		交易日14:00以前		交易日11:30以前	
交割結算價	買賣雙方協商		買賣雙方協商		買賣雙方協商	
交易所審批	當日審批		當日審批		當日審批	申請後三個交易日內
貨款劃轉	交易所辦理	買賣雙方協商	內轉或銀行劃轉		交易所辦理	買賣雙方自行辦理
倉單交收	交易所辦理	買賣雙方協商	交易所辦理		交易所辦理	買賣雙方自行辦理

期貨轉現貨的交割流程如下。

第一，交易雙方在期貨市場建倉。建倉要求方向相反，持有的合約月份相同。在實踐中，由於建倉後在期貨市場尋找符合要求的對手有一定難度。因此，對於有合作關係的企業來說，當對未來所需要交易的商品價格產生分歧，但又想規避價格變動的風險時，可先在現貨市場簽訂一份遠期交貨的合同，並大致確定交貨的時間和數量。這樣，雙方只需要根據自己的判斷，選擇合適時機在期貨市場建倉即可。

第二，交易雙方進行協商，確定期貨轉現貨價格，簽訂協議。雙方確定期貨轉現貨的交割結算價格，並簽訂協議，同時需要按照交易所的規定簽訂其他相關協議。對於期貨的平倉價格，不同交易所有所不同。大連商品交易所和鄭州商品交易所規定由買賣雙方協商；上海期貨交易所則規定，申請期貨轉現貨的雙方所持有的交割月期貨頭寸，由交易日在申請日的15:00前，按申請日前一交易日交割月份合約的結算價格平倉。

第三，向交易所申請。在規定的日期和時間內，達成協議的雙方委託會員到交易所辦理期貨轉現貨申請手續，填寫交易所統一規定的申請表。交易所接到申請表後，對符合條件的申請表予以審批。

第四，辦理貨款和現貨交付。審批通過後，雙方在規定時間內按交易所要求辦理貨款和倉單交付手續及增值稅發票。標準倉單的期貨轉現貨，上述手續主要由交易所辦理；非標準倉單的期貨轉現貨，貨款收付和貨物交收由雙方協商，並提供相關證明給交易所。

(二) 期貨轉現貨與一次性交割和滾動交割的異同

從交割時間上來看，集中交割、滾動交割及期貨轉現貨分別在該期貨合約的不同時間執行，作為了結持倉期貨合約的一種方式，它們之間既有相似之處，也存在一些差異。國內目前只有大連商品交易所同時使用這三種方式，下面以大連商品交易所為例對三種交割方式進行比較（見表 2-5）。

表 2-5　　　　　　　　　　三種交割方式的異同

項目	期貨轉現貨	一次性交割	滾動交割
辦理期限	合約上市之日至交割月前一個月倒數第三個交易日（雞蛋非標準倉單及黃大豆二號除外）	最後交易日後連續三個交易日	交割月第一個交易日至最後交易日
申請時間	交易日 11:30 以前	最後交易日後第一個交易日	交割月第一個交易日至最後交易日前一交易日
配對時間	在可辦理時間內以買賣雙方協商的日子為準	最後交易日後第二個交易日	交割月第一個交易日至最後交易日前一交易日
配對原則	買賣雙方協商	最少配對數	最少配對數
結算價格	買賣雙方協商	該期貨合約交割月第一個交易日至最後交易日所有成交價格的加權平均價（雞蛋除外）	配對日的當日結算價

從表 2-5 來看：期貨轉現貨在時間的操作上靈活性最強；一次性交割集中辦理時間只有三天，分別為標準倉單提交日（最後交易日後第一個交易日），配對日（最後交易日後第二個交易日），交收日（最後交易日後第三個交易日）。從交割結算價來看，期貨轉現貨交易雙方可以自主協商，一次性交割、滾動交割只能按交易所的規定進行平倉。從配對原則上來看，期貨轉現貨可以自己確定交易對手，一次性交割、滾動交割通常賣方有交割主動權，買方有可

能進入被動交割。

(三) 期貨轉現貨交割情況

中國鄭州商品交易所早在 1996 年就開始對期貨轉現貨進行研究，2001 年 9 月 1 日正式推出期貨轉現貨交割方式，推出當年，普麥 WT111 合約辦理期貨轉現貨業務就達到 40 筆，數量達到 44,190 噸，參與會員 22 家，客戶 41 個，占交易總量的 0.22%，占該合約交割總量的 54%。上海期貨交易所在 2000 年 6 月推出了適用於標準倉單的期貨轉現貨交割辦法，2001 年 4 月又經過修改和完善，將其適用範圍擴大到非標準倉單。大連商品交易所則於 2004 年 6 月在豆粕期貨品種上首次推出期貨轉現貨交易。在總結經驗的基礎上，為提高業務辦理效率，大連商品交易所於 2016 年 3 月 29 日實行網上辦理期貨轉現貨業務，會員單位可通過該所網站的「電子倉單系統」辦理此項業務。

從近兩年部分品種的期貨轉現貨交割情況來看（見表 2-6），它在實物交割中所占的比例較高，說明這種方式已越來越被投資者認可和接受。事實上，隨著投資者對期貨轉現貨的瞭解和進一步認識，它既可滿足交易者靈活性的要求，也可以鎖定期貨價格和購買商品的現貨價格，把風險控制在某一個範圍內。

表 2-6　　　　部分品種實物交割及期貨轉現貨情況表　　　　單位：手

品種	2017 年 實物交割量	2017 年 期貨轉現貨	2016 年 實物交割量	2016 年 期貨轉現貨
一號棉	36,592	22,768	22,544	5,280
甲醇	12,041	4,136	21,096	8,590
菜籽油	29,927	8,196	19,148	4,000
白糖	115,863	32,678	77,577	73,050
PTA	142,117	10,590	195,841	14,980
動力煤	8,600	1,200	10,400	5,600
玉米	71,398	1,950	35,410	35,044

期貨轉現貨對減輕交割月的壓力具有重要作用。不管是集中交割，還是滾動交割，都是在交割月才能實施。當市場出現異常情況或某一個月的交割量突然增加時，尤其是集中交割，會導致交易所的庫容不夠。所以，適度的期貨轉現貨交割，對緩解交易所庫容壓力，減輕交割月時定點倉庫和交易所的壓力有積極的作用。

（四）期貨轉現貨的優缺點

1. 優點

實踐發現，期貨轉現貨對利用期貨市場規避價格風險，同時又合理利用現貨市場的靈活性來滿足生產需要的客戶有重要作用，其優點主要有以下幾點：

第一，使買賣雙方可以靈活選擇交貨地點、時間和品質。期貨合約是高度標準化的條款，除了價格可以變化外，其他如交割時間、地點、交割標準品和替代品的質量規定等都是固定的條款。但在現貨中，每個企業所面對的外部環境千變萬化，客戶的需求會有差異。工業品或化工能源產品因為是大規模生產，品質相對容易確定；中國的農產品許多都來源於小規模作業或農戶單干，規模化程度低，產品質量更是千差萬別。因此，期貨品種的單一性與現貨市場商品的多元性形成不可調和的矛盾。現實中，經常會發生想參加套期保值的企業生產的產品，按照交易所的規定不能夠交割，最終也就不選擇通過期貨市場來避險。或者是買賣雙方都在同一個地區，都選擇在期貨市場進行套期保值，賣方所生產的產品也是註冊產品，買方也正好需要這個產品，但是為了交割，賣方必須把產品運到交易所指定的交割倉庫，買方也不得不從交易所指定的交割倉庫提貨，既費時、費力又費錢，並且不一定拿到自己需要的品牌。這是因為對任何一個上市品種來說，交割產品雖然是標準化的，但符合要求的替代品也可以用來交割，從而造成了可交割產品及品牌的多樣性，再加上指定交割倉庫的分散性，使得誰也無法確定自己到底拿到的是何種品牌或具體的某個等級。期貨轉現貨則允許交易者進行非合約條款交易，買賣雙方既可以選擇交易所的標準倉單進行交易，也可以選擇非標準倉單交易，還可以在非交割地點進行交割，且不需要等到交割月交貨，從而極大地增加了交割規則的靈活性，滿足了交易者不同的偏好和需要，使套期保值者最大限度地實現保值目的。

第二，可以提高資金的利用效率。期貨轉現貨不僅可以使生產商、加工商和貿易商規避價格風險，而且可以提高資金的利用效率。這是因為期貨是保證金交易，具有槓桿作用。當某個生產商需要購買某種產品時，如果預測價格是上升的，為了減少價格上漲對自身的影響，可以選擇在現貨市場直接購買，這就需要一次支付全部貨款，即使推遲支付，正常情況下展期一般也不會太長，因此佔用了大量資金。並且購買的商品需要支付倉庫保管費用和保險費用，甚至還有庫存損耗。但是選擇期貨交易，按照中國目前的保證金比例，只需要支付貨款的一部分即可，期貨轉現貨還可以根據生產商的需要分批分期地購回原料，減輕了資金壓力，也減小了庫存量，提高了資金的使用效果。同樣的原理，直接生產商品期貨實物的生產廠家、農場、工廠等手中有庫存產品尚未銷

售或即將生產、收穫某種商品期貨實物,擔心日後出售時價格下跌;儲運商或貿易商手中有庫存產品尚未出售,或者是他們已簽訂將來以特定價格買進某一商品但尚未轉售出去,擔心日後出售時價格下跌,通過期貨轉現貨,除了可以迴避價格下跌的風險外,還可以按照原先的經營計劃順利地完成銷售計劃,有利於快速回籠資金和提高資金週轉速度。

第三,有利於降低交割成本。通過期貨市場進行實物交割的雙方,除了需要支付產品運送和運出指定交割倉庫的運輸費外,還有其他的費用如質檢費、交割手續費、倉儲費、商品出入庫費、雜項作業費等;同時期貨合約是標準化產品,對產品的包裝有嚴格的要求,這些都會增加交割的成本。期貨轉現貨中,買賣雙方可以根據自己現貨經營的特點和要求選擇有利於自己的時點、地點,不必把商品運送到倉庫或從倉庫運出,節省了大量的運輸費用和倉庫保管費用。特別是在非標準倉單的期貨轉現貨中,貨物交收方式更加靈活,對產品的包裝和質量要求,只要雙方能達成協議便可,有利於節約搬運、整理和包裝等費用。上述節省的費用,買方可從協議中獲得價格減讓的好處。此外,如果期貨合約中實物交割的量非常大時,容易造成期貨價格的大幅波動。在這種情況下,想要套期保值的用戶很難實現目標價位,從而帶來損失。但是通過期貨轉現貨,買賣雙方所持合約可以通過協議價格平倉,從而避免上述不利影響。

2. 缺點

在實踐中,儘管期貨轉現貨有許多優點,但是它也存在一些不足,表現在以下幾方面。

第一,時間成本比較高。期貨轉現貨不在一個公開的平臺進行競價,選擇該種方式交割的雙方不僅需要持有相同到期月份、相同品種的合約,還需要就其他的條款如價格、交貨方式、質量等達成協議,否則就無法完成交易。對於小規模生產的企業特別是農戶來說,由於獲得的信息有限,在市場上找到進行期貨轉現貨的對手,一般要花費較多的時間。因此,如果交易所能統一建立一個相關信息平臺,有選擇期貨轉現貨意向的客戶通過平臺發布信息,則可節約大量的時間成本。目前交易所已建立相關平臺,如鄭州商品交易所的客戶供求信息,可通過所開戶的會員公司代理在交易所的期貨轉現貨供求信息表中發布,發布內容包括報價日期、品種、合約月份、買賣方向、期貨平倉價、倉單期貨轉現貨價、非倉單期貨轉現貨價、會員號、會員單位、聯繫人,信息內容為最近一個月。當大量的買賣信息集中在一起,需要進行期貨轉現貨的客戶非常容易找到另一方,極大地提高了實現期貨轉現貨交割的效率,也有利於該方式的推廣。

第二，非標準倉單的期貨轉現貨風險較高。標準倉單的期貨轉現貨，當買賣雙方向交易所申請批准後，其持倉一般由交易所在審批日的當日閉市之後，按買賣雙方達成的價格平倉（三大交易所在平倉時間和結算價格上有一些區別）。同時交易雙方需要按照交易所的規定繳納保證金，票據和貨款需在規定的時間完成，由交易所為期貨轉現貨的雙方辦理倉單過戶。因此，標準倉單期貨轉現貨的倉單交收和貨款支付由交易所負責辦理，保證了合約的履行。但是在非標準倉單的期貨轉現貨中，目前三大交易所的規定是貨物交收和貨款支付由交易雙方自行協商確定，交易所對此不承擔保證責任，手續費按交易手續費標準收取。這種規定實際上是讓進行現貨交收的期貨轉現貨的交易雙方自行承擔對方違約的風險。在中國這樣一個信用機制需要完善的市場裡，如果交易雙方沒有一定程度的相互瞭解和穩定的合作關係，他們是不會積極進行期貨轉現貨的。那些具有長期貿易夥伴關係的現貨商，因為相互瞭解，基於傳統習慣、經濟依存和私人友誼或互相信賴的原因等，違約風險較低，因此非標準倉單的期貨轉現貨在他們中間應用更廣泛。

總體來說，期貨轉現貨交割的突出特點是靈活、節約交割成本，尤其是非標準化倉單的期貨轉現貨，優勢更加明顯。據中國及國外相關的交割資料顯示，選擇該種交割方式的雙方在現貨上也多是貿易夥伴，非現貨貿易夥伴達成交易的難度相對來說很大。同時，在中國目前交割費用偏高的情況下，市場更應積極宣傳和推廣期貨轉現貨的交割方式。

三、車船板交割

車船板交割是指賣方在交易所指定交割計價點將貨物裝至買方汽車板、火車板或輪船板，完成貨物交收的一種實物交割方式。交割計價點是指車船板交割時由交易所指定的用於計算雙方各自應承擔交割費用的地點。在交割計價點交割，以指定計價點買方車船板的交貨價為基準價，買賣雙方只能選擇交易所在該區域指定的交割倉庫或者其他交割服務機構進行交割，並且需要對上述機構支付費用，對買賣雙方來說費用較高。但是交易所規定交易雙方可以協商交割地點，只要達成協議，便可以在協議裡約定的地點進行交割。因此，正常情況下雙方一般會協商從賣方貨物存放地直接將貨物發往買方，以降低雙方費用，只有在協商不成的情況下才會選擇在交割計價點交割。

車船板交割是由鄭州商品交易所在廠庫交割和倉庫交割的基礎上，結合大宗商品的貨運特點，旨在增加交割靈活性、降低交割成本，同時為現貨商提供更多選擇權和業務迴旋餘地所創立的一種創新的交割方式。目前，國內可以進

行車船板交割的品種見表 2-7，其中，上海期貨交易所沒有實施該種方式交割。鄭州商品交易所明確規定在該所上市的普麥、菜籽、動力煤實行車船板交割。當然，考慮到現貨市場的特點和交易者的交割習慣，普麥和菜籽也可通過倉庫進行交割，動力煤可通過廠庫進行交割。

表 2-7　　　　　　　　　　國內車船板交割品種

	車板+廠庫交割	車船板+倉庫交割	車船板+廠庫交割
鄭州商品交易所	—	普麥、油菜籽、蘋果	動力煤
大連商品交易所	雞蛋	—	—
上海期貨交易所			

（一）車船板交割基本流程

作為非倉單交割方式的一種，車船板交割不需要賣方把東西運送到指定倉庫，省去了商品入庫、驗收、出庫等的費用和時間。車船板交割由賣方提出，為保證合約的履行，交易所一般會要求賣方擬存放的貨物機構在計量設施、交通便利性、裝運能力、檢驗檢測設備等方面達到一定標準。雖然不同品種在交割的具體細節上有細微差別，但基本流程是相似的。

第一，賣方申報交割，買方回應。從交割月第一個交易日至最後交易日的前一交易日（對於每個交易日申報截止時間，不同交易所規定不同），持有交割月單向賣持倉的客戶可提出申請。買方在會員服務系統中回應或填報交割意向。交易所按照確認結果（鄭州商品交易所）或者配對原則（大連商品交易所）進行配對。

第二，交易所向會員發送交割通知單。

第三，規定時間內買方會員應當將所欠貨款劃入交易所帳戶。

第四，規定時間內買賣雙方簽訂交貨協議。買方在會員服務系統中提交交貨確認事項，賣方確認。賣方交貨後，在規定時間內在會員服務系統中提交交收確認，買方確認。

第五，交易所根據雙方的交收結果劃轉貨款。

對存在爭議的事項和復檢申請，雙方都可以提交，且不必對方確認。

（二）車船板交割的應用

車船板交割方式是鄭州商品交易所在 PM1301 合約上首次實施的，自推出以來，以貼近現貨市場，能實現買賣雙方共贏而受到歡迎。2013 年 8 月，鄭州商品交易所在 PM1307 合約上完成了首筆車船板交割，雙方分別是荊州好好

吃米業有限公司與陝西建豐經貿有限公司。據資料顯示，該筆交易在 2013 年 7 月 12 日的最後交易日，鄭州商品交易所的普麥交割系統就完成了 1 手配對，賣方提交貨物信息顯示計價點是南京，但貨物卻在荊州。配對後，買賣雙方沒有協商在貨物所在地荊州交貨。7 月 15 日，買方提交了《交割事項確認單》，選擇在計價點倉庫南京鐵心橋庫中轉，賣方也予以確認。7 月 19 日，賣方會員向鄭州商品交易所交割部門提出申請報告，報告中說明買賣雙方已協商一致，貨物不再拉到計價點倉庫中轉，雙方自行處理貨物，並委託交易所結算完成交收。7 月 23 日，賣方在會員服務系統中提交交收申請，買方確認交收價格為 2,331 元/噸（交割配對自動完成日的結算價），完成了此次車船板交割。上述車船板交割從本質上來說，相當於由實物交割轉變為現金交割，實現了兩方的共贏。這是因為根據當時的現貨市場情況，如果賣方把小麥從存貨地運至計價點倉庫中轉，總計運費在 102 元/噸（船舶運費 60 元/噸、短駁費 30 元/噸、中轉費 12 元/噸）左右。所以賣方主動給買方讓利 69 元/噸，自己還節省了 33 元/噸的費用，同時規避了貨物拉到計價點倉庫的質量風險。對於買方來說，獲得的 69 元/噸的讓利降低了他在現貨市場的採購成本，也得到了好處。

除了普麥的成功交割外，2013 年 9 月 26 日上市的動力煤期貨於 2014 年 1 月的首次交割中，配對量達到 275 手，全部為車船板交割。首筆交割的雙方為江蘇錦盈貿易和內蒙古伊泰煤炭股份有限公司，其重要意義在於為國企未來參與期貨市場探索出了一條新路子。動力煤應用極為廣泛，是一種通過燃燒來利用其熱值的煤炭品種的通稱。當庫存時間長時，其發熱值會下降，所以交易所對該品種採取了車船板交割為主、廠庫交割為輔的方式，這樣不僅可以節省動力，也能保證品質，同時更貼近現貨市場。目前交易所車船板交割指定的港口有 12 個，全部為動力煤現貨市場的主要中轉和集散地。實踐證明，動力煤採取車船板加廠庫交割的方式是成功的。數據顯示，截止到 2017 年 1 月，買賣雙方客戶通過車船板交割方式完成的動力煤交割量總計達 257.5 萬噸，其中 1501 合約交割總量為 105 萬噸，創造了國內商品期貨單合約交割量最高紀錄。

(三) 優缺點

1. 可以降低交割環節的物流、管理和時間成本，擴展交割區域

實行車船板交割時，指定交割計價點附近的現貨企業無須將貨物拉到指定交割倉庫即可交割。這樣的好處是：一是可以降低交割環節的物流、管理和時間成本，擴展交割區域，使期貨市場更貼近現貨市場，也便於廠商更直觀地利用期貨市場套期保值；二是降低交割成本，促進期現貨價格趨合，有利於市場功能的發揮；三是實行車船板交割，標準倉單交割方式是同時存在的，可以方

便現貨企業參與期貨時利用期貨倉單融資，緩解資金壓力。

2. 可以有效緩解買方被動接貨所引發的矛盾

事實上，在期貨市場中，進行實物交割的買賣雙方以實現共贏為目標，但有時候也存在被動交貨和接貨。這時，被動交貨或接貨的一方往往會在交割時挑起事端，引起不必要的糾紛。交易所推出的車船板交割可以有效地解決這種矛盾，這是由於該交割方式可以讓雙方充分協商以達成一致。如果出現難以達成一致意見的情況，可以選擇在計價點倉庫進行中轉，維護雙方權益。

3. 對升貼水設計有一定的挑戰

國內上市的品種，車船板交割通常與廠庫交割或倉庫交割結合使用，交割計價點選擇在物流的節點上，而一般的廠庫交割並沒有升貼水。如果交割計價點沒有選擇在基準交割地，在物流運輸成本、鐵路運力市場不透明、現貨市場價格波動頻繁的情況下，升貼水的設計存在很大的難度。

4. 當現貨市場價格波動幅度較大時，廠庫不願意開具較長期的倉單

當現貨市場價格變化較大，尤其是波動頻繁時，一方面，車船板交割中，如果倉單的有效期較長，賣方很難判斷市場價格走向和幅度，導致不願開具倉單；另一方面，車船板制度對於在港口進行作業或從事貿易的企業來說，很容易上手，在期貨價格低於現貨價格時，買方儘管希望使用廠庫交割，但也會打消這一念頭。

四、提貨單交割

提貨單交割是指在交割月前一個月的規定時間內，由買賣雙方主動申請，經交易所組織配對並監督，按照規定程序進行貨物交收的實物交割方式。提貨單交割由大連商品交易所首創，在鐵礦石 I1405 合約上首次執行。之所以選擇鐵礦石進行創新，是因為鐵礦石單位價值較低，中國對進口鐵礦石的依存度極高，相當數量的進口鐵礦石通過水運到達港口。如果鐵礦石像其他商品一樣運送到指定交割倉庫，相同的交割成本對鐵礦石期貨影響會更大，交割成本偏高會降低交易雙方參與交割的意願。使用提貨單交割可以節省出入庫、短倒、逆向物流等費用，提高交割效率，有利於更好地服務實體經濟。當然，按照大連商品交易所的規定，鐵礦石也可以採用廠庫標準倉單或倉庫標準倉單交割，從而增加套期保值者的選擇餘地。

（一）交割流程

傳統的交割方式下，買賣雙方的機會是均等的，符合條件的任何一方想要

交割，只要持有期貨合約至最後交易日，雙方提出交割申請，不需要獲得對方的回應，就都可以實現交割，因此交割的觸發條件較為寬泛，而且賣方有交割選擇權，買方一般處於不利的位置。提貨單交割則是買方先提意向，賣方回應後，方能進入交割環節，所以只有在雙方都有利的情況下，才能觸發交割，因此不會對某一方造成不利的影響，並且提貨單交割比期貨轉現貨更能節約搜尋成本和談判成本。

1. 配對

提貨單交割流程主要包括配對環節和交收環節。配對環節相對來說比較簡單，但是時間的規定比較嚴格，只能在交割月前一個月第 10 個交易日至交割月前一個月第 14 個交易日期間由買方提出。配對的流程如下：交易日如果有買方申請交割意向，交易所在閉市後公布買方的申請數量和地點；賣方客戶在買方提出意向申請的第 2 個交易日下午 14:00 以前，可以提交交割申請（該日為配對日），交易所在該日公布配對結果，閉市後，交割配對持倉按結算價平倉，買賣雙方可協商貨物交收事宜；通知日（是指船預計到港或在港貨物驗收前 3 個自然日，若第 3 個自然日不是交易日，則提前至上一個交易日）閉市後，交易所通過電子倉單系統發送給買方會員，通知日後第三個自然日（如不是交易日，順延至下一交易日），買賣雙方須補足不足的款項，交易所從相應會員的結算金準備金中劃轉。

2. 貨物交收

貨物交收是始於卸貨，止於交易所收到經三方（買賣方、港口）確認後的提貨單並完成貨款、物權劃轉的過程。賣方在船預計到港或在港貨物驗收前三個自然日（如第三個自然日不是交易日，則提前至上一個交易日），應通過電子倉單系統將交貨有關的信息發送至交易所。交易所再通過電子倉單系統發送給買方會員。賣方在卸貨前至少十小時通知買方，買賣雙方需到場監收。買方委託的質檢機構在卸貨過程中或堆垛過程中抽樣檢測。卸貨完成後，買賣雙方應在規定時間內就《交收確認通知單》進行確認。對於保稅商品，買方需要進口報關的，持《保稅交割結算單》辦理進口報關手續。

提貨單交割的交貨地點由交易所指定，一般在港口或碼頭。傳統的倉單與提貨單的內容差別很小，都是賣方簽發給買方的實物提貨憑證，具體包括買方名稱、賣方名稱、存貨港口名稱、貨物名稱、數量、品質、存放地點、貨物狀態（完稅商品或保稅商品）、簽發日期等，並且需經過買方、賣方、存貨港口蓋章確認。

提貨單交割的交收環節與傳統的標準倉單交割流程相比要複雜一些，與實際的貿易相比，增加了交易所和第三方質檢機構，所以在提貨單交割中，涉及的交割主體包括交割雙方、期貨公司、交易所、質檢機構及存貨港口（由交易所指定的交割港口）。由於多了監管和質檢，增強了貨物交收環節的安全性。

3. 提貨單交割與倉單交割的區別

與倉單交割相比較，提貨單交割除在交割時間上規定更嚴、交割條件上不屬於強制性交割、交割費用更低外，在其他方面也和倉單交割有一些區別。

（1）交割主體上。兩者在交割主體上基本相同，但提貨單交割涉及港口主要是為了「海漂貨」落地，確定提貨港口。而在倉單交割中，涉及港口則是因為交割貨物要出入港口，且在安排貨物出入庫和質檢方面，交割倉庫承擔的職責更多。

（2）質量檢驗上。倉單交割由交割倉庫選擇質檢機構，檢驗費用由賣方負擔，當買方對出庫產品有質量異議時，則由買方指定質檢機構復檢，如果復檢結果和之前結果相比較處於合理範圍，則復檢費用由買方承擔，否則由交割倉庫承擔。在提貨單交割中，是買方選擇質檢機構，費用也是由買方承擔。如果有異議需要復檢時，交易所指定質檢機構復檢，如果復檢結果和之前結果相比較處於合理範圍，則復檢費用由賣方承擔，否則由買方承擔。

（3）在交割流程上。倉單交割是先將貨物送入交割倉庫，進入第三方監管處，然後再配對、交收，且配對後至貨權實際轉移的時間很短。提貨單交割是先配對，後交付，尤其是「海漂貨」在配對後離貨權實際轉移還有一段時間，這是因為貨物到港需完成報關等手續後，才能完成交付。

（二）實施效果

提貨單交割既然是大連商品交易所在交割制度方面的創新，那麼創新的效果如何呢？按照交易所的規定，鐵礦石 I1405 合約首次實行該種交割方式，從現實情況來看，結果並不理想。截至 2014 年 4 月 15 日，大連商品交易所成功收到的首批鐵礦石提貨單買方意向申請，分別為日照港 800 手、連雲港 400 手、青島港 400 手，但是由於沒有賣方申請，最後無法成交。從鐵礦石上市以來的實物交割情況（見表 2-8）看，鐵礦石 2013 年上市以來至 2017 年，基本都是倉單交割，僅在 2016 年有提貨單交割（I1604 合約）。這使得市場對這一創新的關注度顯著下降。究其原因，一方面跟現貨市場有關係，另一方面也跟合約本身的設計有關係。

表 2-8　　　　　　　　　　　鐵礦石交割一覽表

年份	一次性交割 交割量（手）	一次性交割 交割金額（億元）	提貨單交割 交割量（手）	提貨單交割 交割金額（億元）
2014 年	3,600	2.62	—	—
2015 年	4,300	1.98	—	—
2016 年	22,000	8.58	100	0.05
2017 年	7,500	4.25	—	—

　　第一，從合約本身設計來看，最低4萬噸（400手）的交割量規定過高。鐵礦石期貨自2013年10月18日上市以來，交投氛圍較為活躍，運行穩健，各合約進入交割月後，期貨價格向現貨價格趨合較好，因此，期貨市場和現貨市場之間缺少套利空間。在這種情況下，當臨近交割月時，現貨企業通常會選擇移倉換月，導致進入交割月時持倉超過400手的賣方客戶不多，滿足交易所交割條件的客戶人數就更少了。按照交易所的規定，提貨單交割由買方申請後，需有賣方申請才能配對，當賣方客戶人數不足時，自然會影響交割率。數據顯示，在I1405、I1409、I1501合約提貨單申請期內，賣方滿足提貨單交割申請持倉要求的客戶數分別為3個、6個和9個，分別只占合約一般法人客戶數的13.9%、21.6%和19.2%。另外，在中國鋼鐵行業普遍虧損的情況下，許多企業資金鏈緊張，一次購買太多更會加大現金流的壓力，且在現貨市場，鋼鐵商單筆成交在1萬~2萬噸的占比最高。在該種交割方式不被交易者回應的情況下，交易所於2015年10月23日對鐵礦石期貨交割細則進行了修訂，將提貨單交割的最小單位從4萬噸或其整數倍降至1萬噸或其整數倍，新規則自I1601合約開始執行。交易所的出發點是希望隨著交割門檻的降低，在提貨單本身交割費用比倉單交割更有優勢、現貨市場價格趨低、交易商對交割成本敏感的情況下，能夠增加雙方尤其是賣方入市交割的積極性，從而更好地服務實體經濟。但由於近幾年，國家實行去產能計劃，鋼企資金鏈緊張，企業贏利能力普遍低下，甚至發生虧損，鋼企進口鐵礦石的庫存週轉天數普遍下降。現貨市場，鐵礦石價格雖波動頻繁，但基本上在一定區間內振蕩，大幅上漲的頻率較低。

　　第二，鐵礦石現貨市場價格的變化趨勢影響了交割的積極性。近年來，大宗商品價格下跌趨勢明顯，再加上由於中國經濟增速放緩和全球鐵礦石供應增加，鐵礦石價格也難逃下跌的命運，在一定程度上降低了客戶利用提貨單交割以規避價格風險的積極性。比如，2014年由於融資礦的存在，港口現貨價格

基本上比「海漂貨」價格要低，如果客戶利用提貨單交割對「海漂貨」進行套期保值，需要對船期準確預估、規避違約風險，對其時間節點控制的要求相對較高；但由於目前的規定對交割的觸發條件較嚴，因此賣方在進入交割環節時，從成本、風險控制方面考慮，更傾向於直接通過港口入庫進行鐵礦石交割。另外，價格下跌雖然對買方有利，可以降低採購成本，但是提貨單交割在配對日交割結算價就已經確定了，由於商品實物所有權的轉移需要時間，在熊市格局下，銷售和採購節點若不匹配，就會面臨貨物貶值風險。從這個角度來說，買方的熱情也會受到影響，除非買方可以進行提前銷售或鎖價。

當然，在實踐中，部分客戶對規則的理解不夠深，以為提貨單交割只能用於「海漂貨」交割。實際上，在鐵礦石期貨合約及交割制度中，是允許使用港口現貨以提貨單交割的形式參與交割的。因此對於想參與提貨單交割的客戶來說，在制度的利用方式上是十分完備的，完全可覆蓋、把控住如船期不確定性等現貨市場變化產生的風險。

第四節　標準倉單的生成與流通

標準倉單是商品期貨市場的重要組成部分，它與結算、經紀業務、信息的發布與流通具有同等重要的作用。目前，國內三大商品期貨交易所都採用電子倉單系統辦理倉單業務，實行標準化的管理。按照鄭州商品交易所的定義，標準倉單是指倉庫或廠庫按照交易所規定的程序提交倉單註冊申請後，經交易所註冊，可用於證明貨主擁有實物或者可予提貨的財產憑證。根據申請註冊的主體不同，標準倉單又分為倉庫標準倉單和廠庫標準倉單。

一、倉庫標準倉單

（一）倉庫標準倉單的生成和信息披露

目前，中國上市的品種中，除了玻璃、動力煤和棉紗外，其他所有品種都可進行倉庫交割，註冊倉庫標準倉單。倉庫標準倉單的生成，涉及主體有交易所、會員、貨主、交割倉庫、質檢機構。因此，流程設計要科學、合理、簡潔，保證各方利益均衡，同時需兼顧各類不同產品的特點。參考國外的經驗，經過多年的實踐，目前，國內在標準倉單的生成上，儘管不同交易所在具體細節上存在細微區別，但流程基本是相同的。它的生成一般包括交割預報（入庫申報）、商品入庫、驗收、指定交割倉庫簽發、確認等環節，具體可參考大

連商品交易所的倉庫標準倉單生成流程（見圖2-4）。

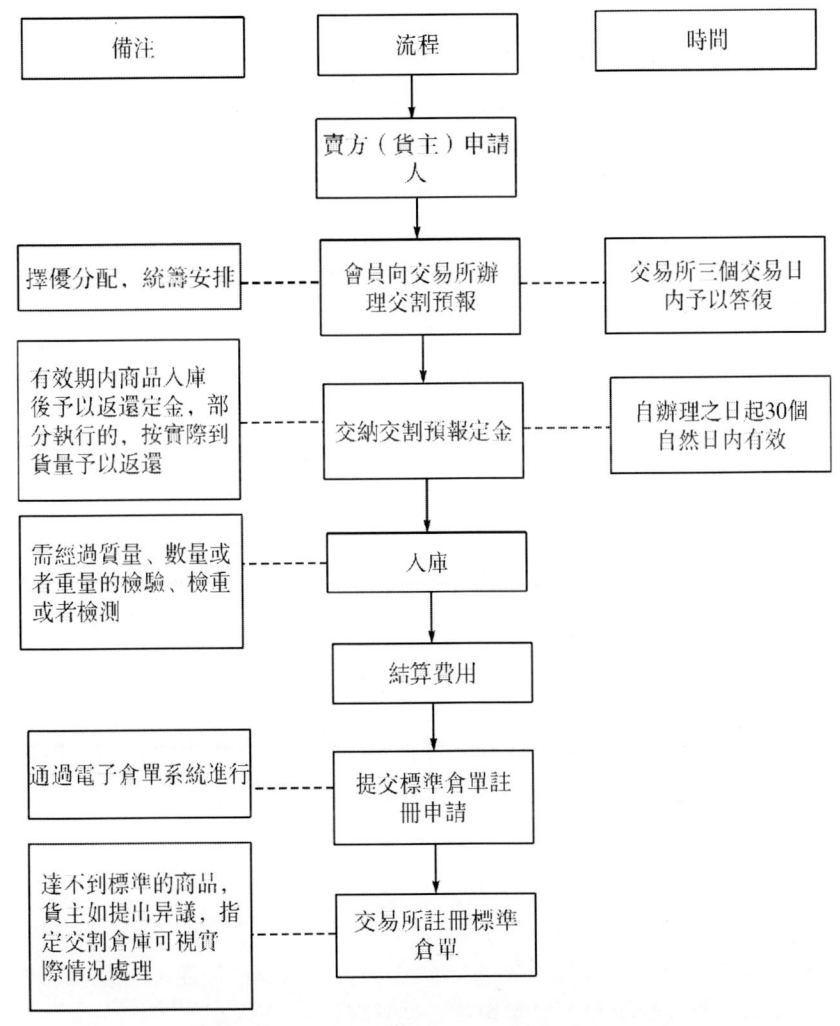

```
          備注                    流程                    時間

                            ┌─────────────┐
                            │賣方（貨主）  │
                            │申請人        │
                            └──────┬──────┘
                                   ↓
┌─────────────────┐         ┌─────────────┐         ┌─────────────┐
│擇優分配，統籌安排│─ ─ ─ ─ │會員向交易所  │─ ─ ─ ─ │交易所三個交易│
│                  │         │辦理交割預報  │         │日內予以答復  │
└─────────────────┘         └──────┬──────┘         └─────────────┘
                                   ↓
┌─────────────────┐         ┌─────────────┐         ┌─────────────┐
│有效期內商品入庫  │         │              │         │自辦理之日起  │
│後予以返還定金，  │─ ─ ─ ─ │交納交割預報  │─ ─ ─ ─ │30個自然日內  │
│部分執行的，按實際│         │定金          │         │有效          │
│到貨量予以返還    │         │              │         │              │
└─────────────────┘         └──────┬──────┘         └─────────────┘
                                   ↓
┌─────────────────┐         ┌─────────────┐
│需經過質量、數量  │         │              │
│或者重量的檢驗、  │─ ─ ─ ─ │入庫          │
│檢重或者檢測      │         │              │
└─────────────────┘         └──────┬──────┘
                                   ↓
                            ┌─────────────┐
                            │結算費用      │
                            └──────┬──────┘
                                   ↓
┌─────────────────┐         ┌─────────────┐
│通過電子倉單系統  │─ ─ ─ ─ │提交標準倉單  │
│進行              │         │註冊申請      │
└─────────────────┘         └──────┬──────┘
                                   ↓
┌─────────────────┐         ┌─────────────┐
│達不到標準的商品，│         │              │
│貨主如提出異議，  │─ ─ ─ ─ │交易所註冊    │
│指定交割倉庫可視  │         │標準倉單      │
│實際情況處理      │         │              │
└─────────────────┘         └─────────────┘
```

圖2-4　大連商品交易所倉庫標準倉單生成流程

在標準倉單的信息披露上，交易所的主要依據是：①《期貨交易管理條例》和證監會的行政規章；②各交易所制定的章程和交易規則；③根據市場情況而定的通知。交易信息的披露是整個期貨市場規則體系的重要組成部分，不管是國外還是國內的金融監管者和立法機構及行業組織，都針對期貨的信息披露做出了相應的規定。

期貨市場的信息披露，不僅會影響投資者決策，也會影響該市場的效率。當前，國內交易信息的披露包括三個部分：①期貨即時行情，主要有開盤價、

第二章　商品期貨交割制度 ┊ 47

最高價、最低價、結算價、最新成交價、現手、總手、買盤、賣盤等；②合約的成交量、持倉量、成交金額、交割相關信息、會員每日成交量和持倉量的排名等；③階段性行情及交易情況，如大連商品交易所的日統計、階段統計、交割統計等。

當然，除了交易層面和交割信息外，現實中影響投資決策的還包括宏觀經濟的信息披露，特別是與品種有關的信息披露。如果這些重要信息不是通過正常途徑發布，而是通過小道消息途徑在市場裡流傳時，當正式的文件發布時，政策的效力就會被削弱。所以，市場上一些專門機構和行業組織也會對外提供數據服務。上述信息對維護市場的公平及公正，彌補中小投資者的信息劣勢，減少市場被操縱的可能性都是有益的補充。

（二）倉庫標準倉單的流通

倉庫標準倉單流通是指標準倉單用於交易所內履行合約的實物交割、標準倉單交易及標準倉單在交易所外轉讓。在實踐中，部分商品（如雞蛋）由於產品不易儲存或其他原因，交易所規定不允許交易和轉讓。倉庫標準倉單用於實物交割是最為常見的一種方式，一般是在交割月或交易所規定的時間內，由買賣雙方主動申請，經過交易所組織配對並監督，按照規定程序進行貨物交收的實物交割。另外，倉庫標準倉單在客戶提出申請、會員提交申請並經交易所審核後，可以用於充抵保證金。

近幾年，隨著大宗商品原材料進口規模的擴大，商業銀行也開始涉足大宗商品貿易領域，而持有倉庫標準倉單的機構可以把它質押給銀行或第三方進行融資。目前對於標準倉單質押，法律沒有明確規定，同時三大交易所在具體操作模式上也有所不同。上海期貨交易所實施標準倉單質押的主要依據是該所發布的《上海期貨交易所交割細則》《上海期貨交易所標準倉單管理辦法》兩個文件，出質人可以使用電子形式標準倉單出質，也可以使用紙質標準倉單出質。另外，標準倉單也可以在交易所外轉讓。

標準倉單除了能用於交割外，還有轉讓、質押、充抵保證金等用途，這增加了倉單的實用性，能幫助會員就近交割和提貨，並促進交割倉庫的競爭。對於中小企業來講，融資難一直是其發展的瓶頸，倉單的質押可以部分解決融資難問題，降低了銀行發放貸款的風險。

二、廠庫標準倉單

（一）廠庫標準倉單的生成

廠庫標準倉單的生成包括廠庫簽發及交易所註冊兩個環節。會員或者客戶

與指定交割廠庫結清貨款等費用後，廠庫通過電子倉單系統提交標準倉單註冊申請，向交易所提供交易所認可的銀行履約擔保函或者其他擔保方式，交易所批准後對廠庫標準倉單進行註冊。如果商品價格發生較大波動，交易所根據市場變化可調整廠庫的擔保額。單一廠庫標準倉單的最大數量是指當前已註冊且尚未註銷的標準倉單的最大數量。目前，中國可以使用廠庫標準倉單交割的品種如表2-9所示。

表2-9　　　　　　　　　廠庫交割品種一覽表

交易所	廠庫交割
大連商品交易所	豆粕、豆油、棕櫚油、焦炭、焦煤、鐵礦石、雞蛋、膠合板、玉米澱粉
上海期貨交易所	螺紋鋼、線材、石油瀝青、熱軋卷板
鄭州商品交易所	甲醇、菜粕、晚秈稻、粳稻、白糖、精對苯二甲酸、硅鐵、錳硅、玻璃、動力煤、棉紗

廠庫標準倉單只能由指定交割廠庫簽發。中國只能使用廠庫交割的產品是玻璃和棉紗。一般來說，使用廠庫交割的品種一般價值較低、倉儲不足，或者保鮮要求較高、需求個性化明顯，而且申請成為廠庫交割的企業需全年連續生產。

豆粕是中國最早實施廠庫交割的品種，是在借鑑美國芝加哥期貨交易所交割制度的基礎上引進過來的。豆粕期貨之所以成為首批實行廠庫交割方式的產品，是因為它不易保存，且養殖戶對飼料保鮮度要求較高。如果天氣較熱和潮濕，會影響豆粕的新鮮度、色澤和質量，時間一長，靠近地面或者木頭排子的一層有可能發霉變質。若採用倉庫交割方式，不僅交割成本高，而且有時無法滿足客戶對交割豆粕的品質要求，加之點對點貿易在現貨市場中比較普遍，所以現貨商對參與期貨市場的積極性不高。在吸收和總結芝加哥期貨交易所沿河交割制度的基礎上，大連商品交易所創新性地推出了廠庫交割方式，對定點交割廠庫的日發貨速度、買方的提貨速度及其他內容進行了明確的規定。近幾年，豆粕交易持續活躍，與引入廠庫交割方式之前的交易清淡形成鮮明對比，表明豆粕結合廠庫交割和倉庫交割的方式是成功的。

(二) 廠庫交割與倉庫交割的異同

廠庫交割與倉庫交割作為期貨市場提供實物交割的兩種方式，都要遵守期貨市場的基本規則，經交易所批准註冊成標準倉單後，都可以提取實物、質押、轉讓。但它們也存在一些差異。

廠庫交割流程相對於倉庫交割來說要簡單一些，包括的環節也更少，區別主要是倉單的生成與提貨流程有所不同。在生成倉單環節，倉庫交割包括交割預報、商品入庫、驗收、指定交割倉庫簽發、交易所註冊等環節；廠庫交割包括廠庫簽發和交易所註冊等環節。二者相比，廠庫交割省去了交割預報、商品入庫、驗收三個環節。在倉單提貨環節，如果是倉庫交割，貨主需要在《提貨通知單》開具規定的工作日內（一般在 10 日內）到倉庫提貨，而且貨主需在實際提貨前（一般為 3 天）通知倉庫；如果是廠庫交割，《提貨通知單》一般在開具 3 日內，廠庫和貨主就需要進行發貨和接貨，廠庫發貨時不得低於最低日發貨速度，貨主則要在規定的時間內完成所有貨物的接收。二者相比，在廠庫交割中，廠庫的發貨速度和時間以及貨主的提貨時間需要按交易所的規定執行。

（三）廠庫交割的特點

廠庫交割制度中「以廠代庫」的交割方式，使得它沒有倉庫作為中間方來代替商品的驗收入庫和收發職能，而是以廠庫信用為保障，在最後交割環節交易雙方直接見面來履行合約，因此只有規模大、財務狀況良好、信譽度好的企業才可能成為廠庫交割的企業。同時為減少交割風險和平衡買賣雙方利益，交易所在具體制度上做了很多規定，使得它具有許多優勢和獨特的特點。

1. 交割成本較低

採用倉庫交割，貨主需把貨物運送到指定倉庫，經檢驗合格後才能入庫，這部分成本最終都會轉化成期貨交割價格。但在廠庫交割中，並沒有入庫這一環節，節省了貨物的物流運輸成本及裝卸、短途倒運等費用，不僅節省了成本，也提高了交割效率和節省了交割時間。而且，廠庫交割遵循就近原則，可以緩解交割的運輸壓力。

2. 交易所對廠庫交割負有全程監督責任，並承擔交割風險

雖然廠庫簽發的標準倉單需經交易所批准和註冊，並提供 100% 比例的現金或更高比例的銀行保函作為擔保，而且在產品價格發生劇烈波動時，交易所可以調整先前確定的擔保。但現實中，廠庫倉單從簽發到最後產品真正交收，中間會有一個時間間隔，由於廠庫倉單從本質上來說是一種信用倉單，當市場價格上漲時，廠庫會放慢發貨的速度，而當價格下跌時，廠庫則會加快發貨的速度。同樣的原理，價格下跌對買方不利時，買方也會採取各種理由消極接貨。為避免上述情況發生，交易所對廠庫的日出庫速度進行了規定，如果廠庫不按照最低發貨速度發貨，即使在規定時間內發完全部貨物，廠庫也需支付賠償金。另外，交易所對買方的接貨速度也進行了規定，如果賣方按照正常速度

發貨，但因為買方原因沒有把貨物及時運出，這時應算買方違約，需支付滯納金。

3. 企業成為交割廠庫可增加銷售渠道並獲取經濟收益

市場中只有那些信譽較好、規模達到一定標準、抗風險能力較強的企業才可能被批准為交割廠庫，所以，交割廠庫是一種稀缺的市場資源。對於非指定廠家，如果要進行實物交割，一般只能在交易所指定的倉庫或廠庫之間進行選擇。而成為交割廠庫的企業在套期保值時，可以選擇自己企業的交割庫作為倉單註冊地，節省了運輸、出入庫等環節的費用，提高了套期保值收益。

另外，企業成為交割廠庫也可以增加倉儲收益。這是因為商品期貨出入庫和倉儲環節中，需要收取一定的費用，這些費用比現貨市場同樣條件的收費標準要高。而且，當現貨市場銷售低迷時，只要有交易對手，企業就可以在產品還未加工時簽發倉單，將產品註冊為倉單到期貨市場進行銷售，從而增加銷售渠道。某些時候，現貨市場價格與期貨市場價格會發生背離，若現貨企業能夠利用倉儲、期貨、現貨市場進行期現套利，則有機會獲取無風險的收益。而一旦企業成為交割廠庫，那麼就會極大地方便這種無風險套利活動，獲得穩定收益。

4. 可能引起公平問題

在產品還沒有生產出來之前，註冊廠庫就可以簽發標準倉單，因此，從本質上來說，這種標準倉單是一種信用倉單。成為註冊廠庫的企業一般規模較大，一旦這些企業在現有規則條件下，利用信息虛增短期供給，操縱期貨市場價格，獲取不正當利益，會擾亂期貨市場的正常運行秩序，引起公平問題。由於註冊廠庫擁有決定簽發標準倉單的權力，在已制定的規則下能控制發貨速度和發貨時間，因此，當價格不利於註冊廠庫時，有可能會損害貨主的利益。

第五節　出庫復檢

交易所根據公平、公正原則，制定的規則應保證各方合理的權益，並有可以申訴的渠道，按照誰過錯、誰擔責的原則處理。

一、倉庫交割產品

倉庫交割的產品，在商品入庫時，貨主應到庫監收監發；如不能到場監收監發，視為貨主對指定交割倉庫所收所發的實物重量和質量沒有異議。

由於不同產品特徵不同，48個上市品種在3家不同交易所上市交易，因此，具體到不同產品、不同交易所，出庫復檢的細節上會有一些區別，但基本流程相似。

商品出庫時，貨主應到場監收，如果無異議，貨主與交割倉庫需簽字確認。如果貨主對交割商品有異議，應在規定時間內提出復檢申請，並預交復檢費用。如果沒在規定時間內提交，視為同意出庫商品質量。

以鄭州商品交易所為例，在《提貨通知單》開具之日起10個工作日內，倉單持有人可申請復檢，復檢結果為解決爭議的依據，復檢只能進行一次。交易所不受理已出庫或超出規定時間的商品質量和數量復檢，且復檢僅限於申請方提出的有異議的項目。普麥的質量復檢，強麥除降落數值、穩定時間、拉伸面積和濕面筋以外的其他指標的質量復檢，復檢機構由交易所指定。除上述兩大品種外，其他品種質量復檢，由交易所指定的質檢機構進行。如果復檢結果符合交易所規定，復檢及相關費用由復檢申請方承擔。如果復檢結果不符合交易所規定，上述費用由過錯方承擔，交易所退還貨主預交的復檢費用。對復檢結果不符合出庫規定的，在雙方約定或者規定的出庫時間內，可以用符合出庫規定的商品調換，提貨方不得拒收。如果無達到出庫規定要求的商品調換，雙方可協商，協商不成的，過錯方有義務將交割商品加工到符合規定的出庫條件，並承擔補償責任，如果無法加工或者加工後仍達不到規定的出庫條件，則需要進行賠償。

上海期貨交易所上市交易的品種，如果發生交割質量糾紛，買方申請復檢的時間稍長，可以在票據交換日後的25日內提出質量異議申請，並同時提交質量鑒定結論。該所申請復檢的時間比鄭州商品交易所和大連商品交易所要長。

二、廠庫交割產品

廠庫交割的產品由於沒有入庫環節，也就沒有入庫質量檢驗。如果買方對交割商品的質量有異議，首先與廠庫進行協商解決。協商不成的，可在規定時間內向交易所申請復檢一次，並預交復檢及相關費用，復檢結果為解決爭議的依據。如果沒在規定時間內申請，交易所不予受理。復檢的質檢機構，一般由交易所指定。對於復檢結果的處理，廠庫交割產品的處理方式與倉庫交割產品的處理方式一致。費用由過錯方承擔，可以協商處理，無法協商的，廠庫承擔賠償責任。

第三章　商品期貨交割庫佈局的一般規律

　　科學合理的期貨交割庫佈局對激勵套期保值者入市，促使期貨價格向現貨價格趨合有重要的影響，它也是期貨市場健康發展的重要條件。如果期貨交割庫佈局不合理，不僅會影響倉單註冊和註銷者的積極性，使基差趨於不合理，也會對期貨市場的流動性產生不利影響，甚至會引起「多逼空」或「空逼多」風險事件的發生。

　　交割庫是交易所為客戶提供履行期貨合約，提供實物交割和產品保管的場所。交割庫佈局在何處，決定著買方在何處提貨、賣方在何處交貨，以及參與各方交割成本的大小。如果交割庫佈局不合理，對期貨市場的平穩運行，以及期貨價格能否預測現貨價格未來的變動方向和程度都會產生消極的影響。由於現實條件的制約，當前不管是在國內還是國外，交易所都傾向於在多個地點設立交割庫。在多地點交割庫佈局中，交割區域的確定、基準交割地和非基準交割地的確定、升貼水設置必定成為交割庫設置的核心問題。具體到每一個品種，交割庫佈局既具有一些共同的特徵，又有自己獨特的特點。

第一節　影響商品期貨交割庫佈局的因素

　　遠期市場主要是為了克服時間的延長所帶來的風險的加大，最開始應用於農業。這是因為，農業的播種和收穫有時間間隔性，且受自然因素影響較大。商品期貨市場是在遠期市場的基礎上發展起來的，最開始也應用於農產品，主要目的是轉移產品價格頻繁波動的風險。在遠期市場基礎上發展起來的期貨市場，最開始階段，參與各方在未來需要按照合同的規定進行實物交付。隨著市場的發展，期貨交易允許以對沖方式免除履約責任，也就是說，參與雙方並不

一定需要真實的貨品交付。這種措施吸引了投機者的加入，增加了市場的流動性，也有助於套期保值者轉移價格波動的風險。因此，期貨市場的參與者主要包括套期保值者、投機者兩種類型。對於套期保值者來說，他既可以選擇進行實物交割，也可以選擇反向操作——平倉結束合約。因此，商品期貨交割庫佈局應當使現貨市場的商品方便地轉化為交割倉庫中的倉單，並通過交割環節對期貨價格產生實質性的影響，促使期貨價格能夠預測和反應現貨價格的變動方向和程度，從而保證期貨價格的真實性和權威性，防止市場因過度投機和炒作而使得期貨價格偏離基本面太遠。在實踐中，對交割庫佈局最直接的影響因素包括：現貨市場因素、期貨市場因素、現有倉儲水準，上述每一個影響因素下面又細分為不同的子因素（見圖3-1）。除此之外，國家宏觀經濟、行業政策、產業鏈供給與需求也會對期貨市場產生較大影響，進而對商品期貨交割庫佈局也產生不小的影響。

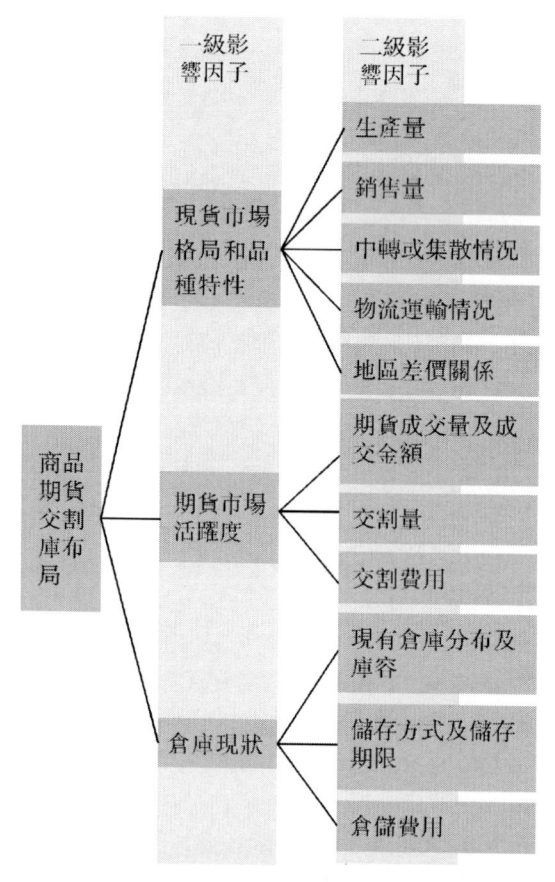

圖 3-1　商品期貨交割庫佈局的影響因素

一級影響因子：
- 現貨市場格局和品種特性
- 期貨市場活躍度
- 倉庫現狀

二級影響因子：
- 現貨市場格局和品種特性
  - 生產量
  - 銷售量
  - 中轉或集散情況
  - 物流運輸情況
  - 地區差價關係
- 期貨市場活躍度
  - 期貨成交量及成交金額
  - 交割量
  - 交割費用
- 倉庫現狀
  - 現有倉庫分布及庫容
  - 儲存方式及儲存期限
  - 倉儲費用

一、現貨市場格局和品種特性

現貨市場格局和品種特性是影響期貨交割庫佈局的重要因素。現貨市場是期貨市場建立的基礎，期貨市場交割庫的佈局必須與現貨市場相適應。現貨市場的產銷分佈、中轉或集散情況、物流運輸情況、地區差價關係等，是決定交割庫佈局最基本也是最重要的因素。

設立商品期貨交割庫應符合現貨市場的交易習慣，佈局在現貨市場的產銷中心或中轉地和集散地，即產區佈局、銷區佈局、中轉地佈局、貿易集中地佈局，以充分發揮期貨交割庫的作用，促進期貨價格向現貨價格收斂，實現期貨市場價格發現功能。如果期貨交割庫偏離現貨市場產銷中心或集散中心地區，會導致期貨價格偏離現貨價格程度較大，不利於期貨市場價格發現功能的實現；同時也會打擊潛在倉單註冊者和註銷者的積極性，提高未來交割雙方的實際成本，從而減少潛在交易者的入市積極性。

（一）生產量

如果交割庫主要設置在商品的生產地或加工地，就稱之為產區佈局。產區佈局形成的期貨價格主要代表產區價格。它一般適用於生產或加工區域相對集中，但消費者分佈較為分散，價值通常不高，運輸費用相對占比較高，或不適宜頻繁搬運的產品。

部分期貨品種具有獨特的生產特性，生長過程和質量好壞或產量多寡受自然因素如天氣、溫度、陽光、土質狀況等因素影響較大，產品呈現季節性和地域性特徵，或者是某個產品具有季節性或時間性特徵。這類商品在現貨市場的直接表現就是主產區的價格具有代表性，而消費者分佈於不同地方，消費地很難形成代表性的價格。對期貨市場的間接影響則是：該類商品需求相對穩定，倉單註銷者較多；供給不穩定，往往倉單註冊者較少；為了更好地貼近生產者要求，吸引更多倉單註冊者，滿足套期保值者的需求，期貨交割庫一般在產區設置得較多。

還有一些期貨品種，其生產雖然不受季節性和自然狀況的影響，但所需要的原材料相對來說比較集中，為了減少原材料的運輸物流費用，有效利用當地資源，生產區域多集中於原材料主要供應地。如果該期貨品種的需求較為分散或均衡，但是主產區的產量較為集中，期貨交割庫一般設置在主產區。

（二）銷售量

如果交割庫主要設置在商品的主要消費地或再加工地，所形成的期貨價格代表著銷區，就稱之為銷區佈局。它主要適用的情況：商品生產較為分散，但

是消費比較集中，或者是需要對該產品進行再加工的企業比較集中，價值相對較大。目前市場上，大多數工業品多採用這種形式。這是因為經過近40年的改革開放，大部分商品已告別了短缺經濟時代，實現了由賣方市場向買方市場的過渡。在銷售量大、銷區比較集中的地方設置交割庫，優點是最大程度接近終端市場，有利於倉單的消化，價格靈敏度也更高；缺點是賣方的運輸距離較遠，物流成本相對較高。因此，根據銷售量大小所形成的銷區佈局，更有利於買方而不利於賣方。

（三）中轉或集散情況

期貨交割庫應布置在現貨市場價格最具有代表性的區域，在全國最具代表性的價格區域設立基準交割庫，在呈現高度相關性的價格區域設立非基準期貨交割庫並設置升貼水。如果期貨品種主產區和主銷區不明顯，且在全國分佈較為分散，但是在一些物流樞紐或港口有較為集中的集散中心，商品從該港口或物流樞紐進行中轉，那麼在上述物流中心或集散港口處設置交割庫，所形成的期貨價格就代表著中轉地價格。中轉地佈局主要適用於產區、銷區較為分散，但是運輸渠道相對單一、運輸路線比較固定、有明確集散地的商品。實踐中，在商品的中轉地或集散地設置期貨交割庫的優點是價格相對透明，交割制度也較為簡單，同時兼顧了買賣雙方的利益，生產者、消費者、貿易商等多方競爭充分，所形成的價格也較具有代表性。異地的廠商出於競爭壓力，往往參照該區域的市場價格進行調整。

（四）物流運輸情況

期貨交割庫佈局應遵從現貨物流運輸習慣，降低總的運輸成本。如果期貨交割庫佈局偏離現貨運輸流通幹線和節點，則可能增加產品運輸時間，形成產品額外的運輸成本和損耗。而影響商品現貨市場運輸流通的因素主要是商品存儲運輸特性。

部分商品期貨品種具有不耐儲藏的特點：在存儲期間質量不穩定，容易產生發熱、霉變、發芽等現象；儲存期較短，容易陳化、腐壞、變質；對存儲條件有特殊要求，如不耐高溫、需要冷藏等。上述因素要求現貨市場具有較為特殊的運輸和儲藏方式，間接對期貨交割庫產生的影響是：由於一般的倉庫無法滿足這部分商品特殊的儲藏特性，因此商品期貨交割無法採用目前占主流的倉庫交割方式，而只能採用廠庫交割或車船板交割等其他交割方式，因此期貨交割庫以生產企業或主要物流運輸節點為主。

還有部分上市期貨品種由於主產區或主銷區相隔較遠，在各區域的分佈存在較大程度的不匹配，且商品運量很大，需要配置龐大的運力進行產品的跨省

運輸，表現出物流節點多、多種運輸方式相結合的特點。這一因素將對現貨市場的物流運輸產生直接影響，現貨市場的物流運輸必須符合商品運輸特性。其對期貨交割庫佈局的直接影響是：由於商品獨特的運輸特性，在佈局這類商品期貨交割庫的時候，需要考慮靠近多種運輸方式的交匯點，最好選擇靠近運費較低的鐵路或水運的交通樞紐。

(五) 地區差價關係

現貨市場價格紛繁複雜，上市交易的期貨品種在全國不同區域的現貨價格不能確保完全一致。因此，只要不同區域價格處於一個合理的價差範圍內，就應合理選擇基準交割區域，實現基準交割地的期貨價格發現功能，通過升貼水的調整，實現非基準交割地的價格發現功能，再通過市場機制的調整，實現其他區域的價格發現功能。基準交割地、非基準交割地、其他區域的不同差價關係會影響商品的流向和流通量，所以期貨交割基準庫的選擇就非常關鍵，選擇產區或者銷區，還是中轉區域，應當根據商品儲存條件及現貨屬性等來確定。

基準交割區域要求該區域的現貨市場價格競爭充分，所形成的價格對全國其他區域有直接影響力，能夠充分反應現貨市場的價格變化，並且該區域內現貨交易量在全國總交易量中占比較高，如果能起價格風向標的作用則效果更佳。

當交割區域確定後，不同地區間現貨價差關係一般通過升貼水的設置來調整。合理的升貼水不僅可以使相同質量的產品在不同地區間的價差消失，鼓勵現貨商通過期貨市場進行避險，對進一步發揮期貨市場的基本功能也有重要影響，同時能夠減少產品不合理的迂迴運輸及由此帶來的成本增加。實踐中，如果基準交割區域選擇在交通運輸便利的地區或銷區，非基準交割區域運輸不是很便利，那對其他區域一般設置貼水，以彌補運輸物流費用；如果基準交割區域設置在主產區或運輸費用較低的地方，對非基準交割區域一般設置升水。

二、期貨市場活躍度

商品期貨的交易狀況即期貨成交量、成交金額以及實物交割的數量等會對期貨交割庫佈局構成直接影響，上述因素主要對期貨交割庫的數量和庫容及佈局範圍產生影響，而宏觀經濟與產業政策、產業鏈供給與需求、參與期貨交易的市場主體又會對期貨市場的成交狀況產生影響。

(一) 期貨成交量及成交金額

某一個期貨品種的交易是否活躍，除了受到期貨合約本身設計是否合理、交割制度是否完善的影響外，還與宏觀經濟和產業政策有極大的關係。當宏觀經濟或產業政策有利於某一行業發展時，該行業商品的需求和供給會增加。如

果與之有關的商品期貨交易量放大、交易活躍時，說明市場判斷後期商品交易規模較大，供需兩旺，生產端、消費端及中間或貿易商參與期貨市場投機和套期保值的數量會增加。當受到宏觀經濟與產業政策限制時，商品期貨交易量減少，交易萎靡時，說明市場判斷後期商品市場規模小、供需不足，生產端、消費端及中間或貿易商參與期貨市場交易的量會減少，期貨交割的量可能會減少，因此交割庫數量可能會減少。具體衡量指標是期貨成交量及成交金額。當期貨成交量或成交金額呈增長趨勢時，有新增期貨交割庫的可能。期貨交易呈下降趨勢時，交易所有減少期貨交割庫的可能性。當然交易所在調整交割庫數量時，需要調研、實地考察和評估等，通常會有一個滯後期。實踐中，當商品期貨成交量和成交金額擴大，同時可供交割量充足時，為滿足倉單註銷者的要求，可適度擴展主銷區或集散地佈局期貨交割庫；當交易量擴大而可供交割量不足時，為鼓勵倉單註冊者增加，可適度擴展主產區的期貨交割庫。

下面以銅為例簡述期貨成交量和成交金額對交割庫數量調整的影響。

銅是人類最早發現的古老金屬之一，早在三千多年前人類就開始使用銅。由於銅的熱導率和電導率高、化學穩定性強、抗張強度大，物理屬性優異且綜合性能好，被廣泛應用於國民經濟的各個領域。銅是中國最早上市交易且保留下來的期貨品種之一，並且也是中國少有的期貨成交持續活躍的品種之一。中國的銅期貨價格與倫敦金屬交易所的銅期貨價格高度相關，已成為國內現貨貿易的定價基準。

2000年至2017年年底，銅期貨成交量和成交金額整體呈上升趨勢（見圖3-2），但中間波動極為劇烈。2005年至2017年的部分年份，上海期貨交易所對銅指定交割倉庫進行了調整（見表3-1）。交割倉庫佈局的變化，顯示了外部產業環境及期貨交易量的變化對銅交割庫的設置有重要影響。

1. 初期銅交割倉庫集中在上海，集散地設庫，周邊為消費地

1998年，第二次期貨市場規範整頓後，上海期貨交易所成為保留下來的三大商品期貨交易所之一。之後約十年時間，銅交割倉庫基本佈局在上海，目前呈現的格局是以上海為中心，並向周邊漫延。這種格局的形成，一方面是因為其便於交易所管理，另一方面跟中國銅的生產和消費有極大關係。中國是銅消費大國，但國內銅礦儲量卻相對稀缺，銅資源大量依賴進口，國內精煉銅對進口的依賴度在部分年份甚至達到50%以上。上海港口發達，水陸交通便利，集疏運渠道暢通，通過高速公路和國道、鐵路幹線及沿海運輸網可輻射到長江流域甚至全國，對外接近世界環球航線，且周邊地區經濟發達。因此，上海是銅的重要集散地，早期的銅交割庫都設在此地。但隨著市場的發展，中國逐漸

形成了以江西、浙江、江蘇以及安徽等省份為中心的加工中心，銅期貨交割庫也開始在電解銅集中的消費區和集散地設置。根據2017年6月23日上海期貨交易所發布的數據顯示，22家存放地址中，其中江蘇5家，浙江和廣東各2家，江西1家。

2. 交割庫數量增減隨期貨交易狀況而調整，但有一定的滯後性

以2005年為例，銅期貨共有5家交割倉庫，存放地址7處，全部位於上海市。受宏觀經濟影響，2004年至2006年，銅價持續大幅上漲，銅行業工業總產值持續增長，銷售收入和利潤大幅增加。在現貨市場價格持續上漲的背景下，參與期貨市場進行投機和套期保值的數量減少。2005年至2006年，期貨成交量持續萎縮，對此，交易所在2006年減少了1家交割庫，存放地址降為6處。2008年上半年，銅期貨價格雖波動明顯，基本上都維持在6萬元以上，但自美國金融危機爆發以來，銅價急速下跌，期貨價格一度在2008年年底跌破3萬元大關，主力合約最低跌至2.2萬元附近。在2008年下半年期貨和現貨價格急遽下跌的過程中，期貨倉單註銷者自然積極性不高，期貨交割量減少。2009年3月，上海期貨交易所只保留了兩家交割倉庫，3處存貨地址。銅價經過2009年的大幅反彈後，自2010年以來，期貨成交量及成交金額穩步上升，交割量雖有波動，但仍呈增加趨勢，交易所根據外部環境變化，中間幾次增加交割庫數量。2014年10月，交割庫增加到14家，存放地址為20處。

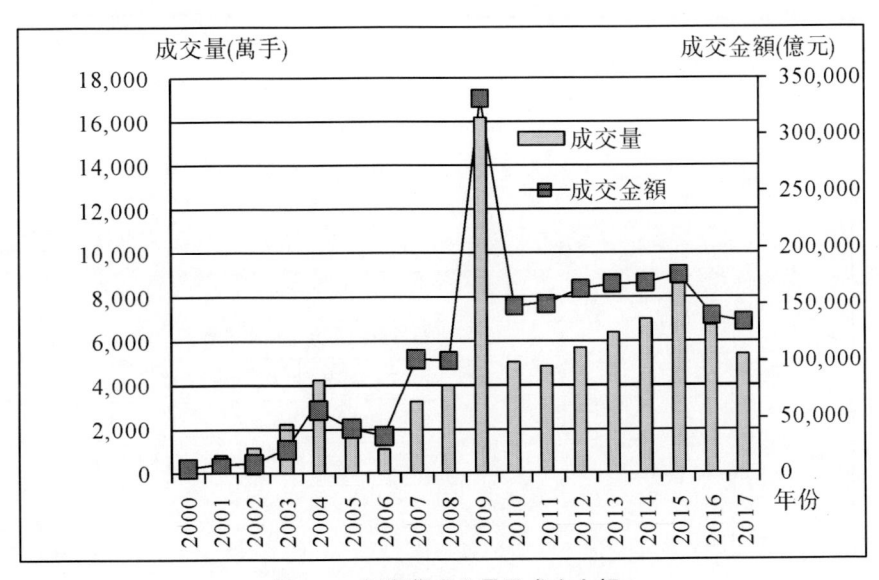

圖3-2 銅期貨成交量及成交金額

表 3-1　　　　上海期貨交易所銅指定交割倉庫（部分年份）

發布日期	指定交割倉庫名稱	存放地址
2005 年	上海國儲天威倉儲有限公司	上海市交通路 3965 號
	上海京鴻實業有限公司	上海市外高橋保稅區荷丹路 68 號
	上海期晟儲運管理有限公司	上海市閔行區劍川路 2280 號
	上海外高橋保稅區聯合發展有限公司（儲運物資公司）	上海市浦東新區冰克路 500 號（16 區 3 號門對面）
	中儲發展股份有限公司	上海市曹楊路 2021 號
		上海市政民路 195 號
		上海市寶山區鐵山路 495 號
2006 年	上海國儲天威倉儲有限公司	上海市交通路 3965 號
	中儲發展股份有限公司	上海市寶山區鐵山路 495 號
		上海市寶山區南大路 257 號
		上海市寶山區南大路 310 號
	上海期晟儲運管理有限公司	上海市閔行區劍川路 2280 號
	上海京鴻實業有限公司	上海市外高橋保稅區荷丹路 68 號
2009 年 3 月	上海國儲天威倉儲有限公司	上海市交通路 3965 號
	中儲發展股份有限公司	上海市寶山區鐵山路 495 號
		上海市寶山區南大路 257 號、310 號
2014 年 10 月	上海國儲天威倉儲有限公司	上海市嘉定區黃渡工業園區星塔路 1289 號
		上海市外高橋保稅區荷丹路 68 號
	中儲發展股份有限公司	上海寶山區鐵山路 495 號
		上海市寶山區南大路 257 號、310 號
		江蘇無錫市城南路 32-1 號
	上海期晟儲運管理有限公司	上海市閔行區劍川路 2280 號
	上港物流金屬倉儲（上海）有限公司	上海市寶山區安達路 240 號
		江蘇省蘇州市高新區鋼成路 8 號
	上海裕強物流有限公司	上海共和新路 3699 號 A 座 11 樓
		上海市閔行區劍川路 2222 號
	上海同盛物流園區投資開發有限公司	上海浦東蘆潮港同順大道 777 號
		上海洋山港區順運路 389 號
	上海中儲臨港物流有限公司	上海洋山港區雙惠路 195 號
	國家物資儲備局浙江 837 處	寧波鎮海區大通路 331 號

表3-1(續)

發布日期	指定交割倉庫名稱	存放地址
2014年10月	寧波港九龍倉倉儲有限公司	寧波鎮海區平海路299號
	無錫市國聯物流有限公司	無錫市惠山區洛社鎮石塘灣梅徑村南
	廣東儲備物資管理局八三〇處	廣州市蘿崗區開發大道1330號
	江西國儲物流有限公司	鷹潭火車南站平安路11號倉庫
	常州融達現代物流有限公司	常州市鐘樓區新閘鎮運河路298號
	上海添馬行物流有限公司	江蘇省宜興市十里牌文莊村火車北站
2017年6月	上海國儲天威倉儲有限公司	上海市嘉定區黃渡工業園區星塔路1289號
		上海市外高橋保稅區荷丹路68號
	中儲發展股份有限公司	上海寶山區鐵山路495號
		上海市寶山區南大路257號、310號
		江蘇無錫市城南路32-1號
	上海期晟儲運管理有限公司	上海市閔行區劍川路2280號
	上港物流金屬倉儲（上海）有限公司	上海市寶山區安達路240號
		江蘇省蘇州市高新區鋼成路8號
	上海裕強供應鏈管理有限公司	上海市閔行區劍川路2222號
	上海同盛物流園區投資開發有限公司	上海市松江區書海路1351號
		上海洋山港區順運路389號
	上海中儲臨港物流有限公司	上海洋山港區雙惠路195號
	國家物資儲備局浙江837處	寧波鎮海區大通路331號
	寧波港九龍倉倉儲有限公司	寧波鎮海區平海路299號
	無錫市國聯物流有限公司	無錫市惠山區洛社鎮石塘灣梅徑村南
	廣東儲備物資管理局八三〇處	廣州市蘿崗區開發大道1330號
	南儲倉儲管理集團有限公司	廣東佛山市禪城區佛羅公路166號
	江西國儲物流有限公司	鷹潭火車南站平安路11號倉庫
	常州融達現代物流有限公司	常州市鐘樓區新閘鎮運河路298號
	上海添馬行物流有限公司	江蘇省宜興市十里牌文莊村火車北站
	中國外運華東有限公司	上海市逸仙路4088號
	中海華東物流有限公司	上海市寶山區寶楊路2249號

（二）交割量

1. 因產業政策調整預示交割量增加時，交割庫數量可能會增加

商品雖然是市場經濟的產物，但商品的供給和需求在很大程度上仍然會受到政策的引導，即受到宏觀政策調控的影響。當產業結構發生調整，通過市場傳導機制引起商品期貨交割量顯著增加時，如果期貨交割量占期貨可交割庫存比例過高，有可能造成「逼倉」風險，即可交割庫存無法滿足期貨交割需求。為了吸引更多的倉單註冊者，增加商品期貨可交割庫存，可以考慮增加期貨交割庫數量。具體衡量指標是期貨交割量/可交割庫存，占比過大則有新增期貨交割庫的可能。商品期貨交割量擴大而可供交割量充足時，為滿足倉單註銷者需求，可適度擴展主銷區或集散地佈局期貨交割庫；當交割量擴大而可供交割量不足時，為使倉單註冊者增加，可適度擴展主產區的期貨交割倉庫。當宏觀政策由於產業結構調整等原因，直接抑制某種商品生產，或抑制該商品產業鏈下游廠家的生產需求時，商品供給和需求因為在較大程度上受政策引導，導致市場規模快速萎縮，商品交易交割明顯萎靡，此時應減少期貨交割庫的數量。

下面以玉米為例進行簡述。

2015—2016 年，國家密集出抬玉米托市政策：①暫停中儲糧玉米拋售。國家糧食局 2016 年 10 月 20 日發佈公告稱：「東北新產玉米已陸續上市，為切實做好玉米收購工作，鼓勵各類市場主體積極入市收購新糧，國家有關部門決定暫停國家政策性玉米銷售，2017 年 5 月玉米收購期結束後再適時研究安排庫存玉米銷售。屆時，將根據市場供求等情況，按照不打壓市場原則確定銷售底價，合理把握銷售時機、節奏，為廣大競買企業提供優質服務。」這條消息對玉米市場而言是積極的，雖然國儲拋售的量比較小，對價格支撐的作用有限，但此政策顯示出國家對穩定玉米市場價格的意圖比較明顯，對穩定市場信心作用很大。②玉米深加工補貼。東北深加工企業補貼金額為每噸 200 元，其中地方每噸補貼 120 元，中央每噸補貼 80 元，補貼時間自 2016 年 11 月 1 日起至 2017 年 6 月 30 日止。黑龍江省研究部署玉米購銷工作，已決定對符合條件的玉米深加工企業按國家和省級比例繼續給予補貼；遼寧省開始申報享受 2016 年新產玉米收購加工補貼政策的玉米深加工企業名單，預示著深加工補貼再一次拉開序幕。這條信息背後的意義是對玉米下游消費企業給予補貼，相當於這些企業的採購成本降低了，利潤增加了，有利於提高企業積極入市參與收購的熱情，刺激玉米消費的增量，維持玉米價格的穩定。③北糧南運補貼。國家出抬運費補貼，支持東北地區以外的省份到東北採購粳稻、玉米，財政給

予 140 元/噸的一次性費用補貼。對於東北地區以外的其他省份的玉米需求企業而言，到東北採購因運距較遠，運費較高，與在當地採購相比沒有優勢；通過對運費的補貼，使得企業採購成本與在本地採購成本相近或降低，對東北產區的玉米消費增加是有利的。以上密集政策的出拾，有利於建立玉米交易交割供需兩旺的市場。為了滿足在政策影響下市場規模預計快速擴大的需求，大連商品交易所於 2016 年 9 月 14 日發布了《關於增加玉米交割區域的通知》（大商所發〔2016〕246 號）：「經研究決定，增設黑龍江省、吉林省和內蒙古自治區為交割區域。首批將於黑龍江省綏化市，吉林省長春市（榆樹市）、松原市，內蒙古自治區通遼市設立玉米期貨交割倉庫。」

2. 當產業鏈供給與需求發生改變，交割庫的調整應考慮可供交割量

在期貨合約交易量擴大的基礎上，只有保持足夠多的期貨交割商品的需求者和供給者，才能維持倉單註冊與註銷之間的平衡，才能降低擬新增期貨交割倉庫的潛在風險。擬新增的期貨交割庫不僅要考慮可供交割量，也要考慮到潛在的倉單註冊者與註銷者，只有擬新增期貨交割庫附近的潛在倉單註冊者數量與潛在倉單註銷者數量足夠多，現貨交割潛力較大，期貨交割庫才有設立的可能性。當產業鏈中商品供給不足而下游消費需求旺盛的時候，買賣雙方市場不平衡，是典型的賣方市場。此時若期貨交割庫佈局在買賣市場中心點或靠近買方，則會出現倉單註冊者過少而倉單註銷者過多的情況，形成「多逼空」的逼倉風險。因此，期貨交割庫應貼近賣方，充分滿足賣方需求，佈局在商品主產地，保證倉單註冊量。當產業鏈中商品供給充分而下游需求不足的時候，買賣雙方市場不平衡，是典型的買方市場。此時若期貨交割庫佈局在買賣市場中心點或靠近賣方，則會出現倉單註冊者過多而倉單註銷者過少的情況，形成「空逼多」的逼倉風險。因此，期貨交割庫應貼近買方，充分滿足買方需求，佈局在商品主銷地，保證倉單註銷量。

下面以鋁為例進行簡要說明。

2016 年初，上海期貨交易所共有 28 家鋁期貨交割倉庫，且集中在華東和華南地區。這一佈局方式雖然在電解鋁產業發展前期發揮了較好效果，但已不能滿足現階段的行業發展需要，無法充分發揮在新形勢下引導電解鋁從產地向消費地流轉的功能，影響了期貨市場服務產業的效率。實際上，隨著近年來的產業結構調整，中國鋁產業的生產與消費地正由東南部沿海向內陸和北方地區逐步遷移。上海期貨交易所的調研報告顯示，中國電解鋁產業正發生著深刻變化：一是電解鋁產量急遽增加，2014 年產量達 2,430 多萬噸；二是電解鋁生

產往西部新疆等地區轉移，目前中國有色金屬電解鋁生產主要集中在西北（新疆、內蒙古、青海、甘肅）地區、西南（四川、廣西、雲南）地區、中原地區（河南、山西）及沿海的山東省；三是中國有色金屬電解鋁主要消費區域由珠三角（廣東）、長三角（江蘇、浙江）兩大區域向中國西部的重慶市、中原地區的河南省及環渤海區域的山東、京津冀地區轉移擴張，這些新興消費區域鋁產品的加工消費已成規模，並且消費量巨大。上海期貨交易所在河南、山東、重慶和天津等新興消費和物流集散區域設立鋁期貨交割倉庫，將使鋁期貨交割倉庫佈局更適應目前的產業實際情況，吸引下游消費企業參與期貨市場，從而提升中國鋁期貨市場的參與度，更好地發揮期貨價格發現功能，更好地服務國內電解鋁產業轉型升級。

（三）交割費用

交割費用指進行實物交割的雙方向交易所交納的手續費以及向交割庫或其他機構交納的與之相關的各種費用，主要包括交割手續費、倉儲費、質檢費、進出庫費用、過戶費及其他雜項費用等。期貨交割行為主要取決於利潤和成本，即發生交割時所發生的購買商品的費用、運輸物流費用、交割費用以及與之相關的預期收益。對於運輸物流費用，交易所在設置交割庫時，一般是通過地區升貼水來縮小其對不同地區參與交割方的影響，在此不再討論。

交割費用的規定對交易所來說是一件較為棘手的事情。這是因為交割費用中有很大一部分是交割倉庫或交割廠庫的收入來源，如果這部分過低，會影響他們申請成為定點交割點的積極性，已成為定點庫的也會變相阻止交割。而對於希望在期貨市場進行實物交割的交易雙方來說，扣除貨物單價的實際成本除了交割費用外，還有物流費用和保險費用以及其他費用，同時還有一些費用是很難用貨幣衡量的，如因為交割而涉及的時間耗費、完成交割的困難程度等。如果上述費用過高，或交割門檻過高，會降低他們的交割意願，進而影響期貨、現貨價格的收斂。目前，期貨投資者常常抱怨的是交割費用過高（見表3-2、表3-3、表3-4）。

鄭州商品交易所對於不同的產品，交割包括的費用不同，總體來說有出入庫費用、倉儲費、交割手續費、質檢費用等。對有些產品如玻璃，如果對尺寸、對角線、外觀質量、彎曲度、光學性能全部進行檢驗，抽取樣本數20片，檢驗費用最高達4,800元。

表 3-2　　　　　　　　　大連商品交易所交割費用

品種	期貨倉儲費 5月1日—10月31日	期貨倉儲費 11月1日—4月30日	質檢費	交割手續費	雜項作業費	商品入出庫費
黃大豆一號	0.5元/噸·天	0.4元/噸·天	2元/噸	4元/噸	倒垛、碼通風垛、散糧篩選分別為7、10、35元/噸；縫口補眼、整包挑選、更換包裝篩選挑選、倒包晾曬、整包晾曬、編織袋割口、麻袋割口、編織袋串麻袋分別為 0.5、1.4、1.8、3.7、3.2、1.2、0.5、0.6、1.8元/件	實行最高限價，具體由交易所根據運輸方式、指定交割倉庫規定
黃大豆二號	0.5元/噸·天	0.4元/噸·天	3元/噸	4元/噸		
玉米	0.6元/噸·天	0.5元/噸·天	1元/噸	1元/噸		
豆粕	0.5元/噸·天		3元/噸	1元/噸	參照有關行業規定的收費標準收取	
豆油	0.9元/噸·天		3元/噸	1元/噸		
棕櫚油	0.9元/噸·天		3元/噸	1元/噸		
LLDPE、PVC、PP	1/噸·天		實行最高限價	2元/噸		
焦炭、焦煤	1元/噸·天		參照有關行業規定的收費標準收取	1元/噸		
鐵礦石	0.5元/噸·天			0.5元/噸		
雞蛋	6元/噸·天			1元/噸		
纖維板、膠合板	0.035元/張·天		實行最高限價，檢測機構不同，費用不同	0.01元/張	—	
玉米澱粉	0.8元/噸·天		最高限價6,000元/樣	1元/噸	—	

資料來源：大連商品交易所網站（2018年1月）。

表 3-3　　　上海期貨交易所有色金屬交割倉庫相關費用收取標準

一、進出庫及倉儲費

完稅指定交割倉庫價格		保稅交割倉庫價格	
倉儲租金		倉儲租金	
庫房	鉛：0.7元/噸·天	庫房	銅：0.5元/噸·天
			鋁：0.6元/噸·天
貨場	銅：0.3元/噸·天	貨場	銅：0.4元/噸·天
	鋁：0.4元/噸·天		鋁：0.5元/噸·天
	鋅：0.3元/噸·天		

第三章　商品期貨交割庫佈局的一般規律 | 65

表3-3(續)

完稅指定交割倉庫價格		保稅交割倉庫價格	
進庫費用		進庫費用	
專用線	26元/噸	專用線	無
自送	18元/噸	自送	18元/噸
	(集裝箱) 30元/噸		(集裝箱) 30元/噸
出庫費用		出庫費用	
專用線	26元/噸	專用線	無
自提	15元/噸	自提	15元/噸
	(集裝箱) 25元/噸		(集裝箱) 25元/噸
分揀費	5元/噸	分揀費	無
代辦車皮申請	5元/噸	代辦車皮申請	無
代辦提運	2元/噸	代辦提運	2元/噸
加急費	無	加急費	無
打包費		打包費	
銅	20元/噸	銅	20元/噸
鋁	35元/噸	鋁	35元/噸
鋅	30元/噸	—	—
鉛	40元/噸		

二、過戶費

品種	一般指定交割倉庫	保稅交割倉庫
銅、鋁、鋅、鉛	1元/噸	1元/噸（暫不開通）

三、打印費

倉單所有人向指定交割庫申請打印紙質倉單的，指定交割庫收取100元/張的打印費

資料來源：上海期貨交易所網站（2018年1月）。

表3-4　鄭州商品交易所優質強筋小麥交割相關費用

項目	優質強筋小麥	備註
倉儲費	0.5元/噸·天	—
交割手續費	0.5元/噸	—

表3-4(續)

項 目		優質強筋小麥	備註
倉單轉讓、期轉現手續費		0.5元/噸	—
入庫檢驗費		1.5元/噸，單垛不足2,000噸的按2,000噸計	—
入出庫費用	運輸方式	汽車	入庫含卸車、入庫，出庫含扒垛、裝車等
	入庫（元/噸）	9	
	出庫（元/噸）	9	

資料來源：鄭州商品交易所網站（2018年1月）。

交易所對交割費用在適時情況下會做出調整，但頻率較低。交割費用的大小應保證定點交割庫能獲得正常的利潤，使符合條件的機構能積極申請成為交割庫。同時交割費用的大小應控制在實物交割雙方所承擔的合理範圍以內。

交割費用中占比最高的是倉儲費用和進出庫費用，它們也是定點交割庫的主要收入來源。如果交易所對上述費用的規定較低，不能覆蓋定點交割庫的正常營運成本，當期貨市場可交割庫存不能滿足實際需要，交易所在某地區計劃增設交割庫，符合條件的機構申報積極性可能很低，甚至已成為交割庫的機構也會退出，從而增加了逼倉風險的可能性。但是倉儲和進出庫費用如果過高，從表面上看會增加交割庫的收益，但是會抑制倉單註冊者和倉單註銷者的積極性，也不利於期貨市場價格發現功能的實現。

三、倉庫現狀

三大商品期貨交易所共上市近50個期貨品種，800多家交割庫。對於如此多特徵各異的品種，交易所是不可能自建交割庫的，通常情況是利用已有資源，在全國不同地方布點。因此，現有倉庫或廠庫數量及庫容大小，商品的儲存方式是否有特殊要求，倉儲費用的多少等會制約交易所具體選址。

(一) 現有倉庫分佈及庫容

不管是在產區、銷區，還是集散地設立定點交割庫，都是以所在區域的現有倉庫為基礎的。這不僅是因為新建倉庫投資大、回收期長、難以拆遷，而且會極大地增加交易所的管理難度和管理成本。所以，交易所通常是將對應區域內符合條件的已有倉庫或廠庫考慮進來，再進行綜合論證，最終確定具體名單。

需要考慮的因素有：現有社會倉庫或廠庫所處地理位置是位於城市中心區

的邊緣地區，還是在交通便利的水路、陸路或鐵路的交匯處，各種運輸方式能否相互補充；所處位置的工程地質和水文地質條件；倉庫或廠庫選址是否與當地的經濟發展方針、政策相適應，能否順應當地產業結構調整和空間佈局的變化需要；等等。

從相對指標來看，實物交割在期貨總成交量中占比不高，一般在5%以下。但從絕對指標來看，實物交割的量並不低，且波動程度較大，甚至部分品種在部分月份的交割量為零。因此，交易所在確定交割倉庫時，對該倉（廠）庫會有庫容要求，以及日發貨速度最低限制。假設沒有這一規定，一方面，當價格不利於交割廠庫時，該廠家可能會選擇最有利於自己的發貨速度，故意拖延或提前發貨，從而損害買方的利益；另一方面，當某一個月份，實物交割量巨幅增加，買方會利用庫容不足，進行逼倉，擾亂期貨市場正常運行。

（二）儲存方式及儲存期限

不同品種對儲存條件的要求是不同的，有些品種對儲存的溫度和濕度要求較高；有些品種不耐儲存，即儲存時間不能過長，否則會影響品質；有些品種則需要特殊的容器儲存，比如甲醇是罐裝等。因此，商品倉儲所需要的條件、最大倉儲時間、倉儲過程的作業方式等都會對交割庫的具體選址產生影響。如果某品種對儲藏要求較高，某一區域內可選倉庫或廠庫較少時，交易所需綜合考慮是否會導致壟斷，是否會導致買賣雙方力量的失衡；另外，也要考慮買方利用賣方在特殊情況下找不到符合要求的存儲地點時的逼倉行為等。

（三）倉儲費用

期貨市場最理想的價格表現是：到期月份的期貨價格正好等於現貨價格與交割費用之和。其中，交割費用中占比最高的一般是倉儲費用。目前，中國對同一個品種倉儲費用的規定是全國不同地區不同交割庫的費用都是相同的。因此，交易所對具體倉儲費用的定價，既要考慮行業特點，又要兼顧倉（廠）庫及進行實物交割方的利益。

以玻璃期貨為例，它是中國第一個全部採用廠庫交割方式的品種。這是因為，受制於玻璃自身的特點如容易破碎、單位價值較低、儲存空間較大，它沒有社會倉庫。現貨市場中，貨物的交付一般都是由廠家與用戶直接接觸，即使是貿易商，也是在與上下游客戶談妥後，再從廠家把貨物運到終端用戶手中。

在倉儲方面，玻璃常儲存在通風良好且有頂蓋的干燥房間內，以避免淋雨和高溫環境，不允許將包裝箱直接放在倉庫內潮濕的地面上，以防止發霉，也不允許在戶外及陽光直照下存放。在運輸方面，箱蓋必須向上，箱子不得平放或斜放，箱子長度方向應平行於運輸前進方向，並採取措施防止傾倒和滑動，

應有防雨措施。一方面，由於中國玻璃行業產能過剩較為嚴重，產品單價較低，運輸費用在總價中占比較高，國內多採用公路、鐵路、水運方式。如果運輸距離較大，則以後兩種方式為主。另一方面，由於儲存需要的場地較大，且搬運工作量大，所以倉庫保管費用較高。因此，鄭州商品交易所在玻璃期貨上市時，選取了13家企業作為首批交割廠庫，2017年8月又增設了4家交割廠庫，上述廠庫以河北沙河為主，其次是山東和湖北。

第二節　商品期貨交割庫佈局流程

交割庫不管是設置在主產區和主銷區，還是設置在中轉區和集散地，或者是混合布置，無論數量多寡，都應以現貨市場為基礎，基本目標是貼近現貨，實現期貨價格向現貨價格趨合。為實現上述目標，交割庫的佈局應以品種生產流通消費格局為出發點，以尊重現貨貿易習慣、滿足交割需要為中心。交割庫的設置和佈局，不同階段參與的部門和人員會有所不同，不同交易所在操作上也會有所區別。實踐中，商品期貨交割庫佈局流程大致如圖3-3所示，但實際操作並不一定是完全等上一個步驟完成以後再做下一步，也就是說，完全按照順序以接力跑的方式進行期貨交割，很多時候並不合時宜；有的時候，有些過程是交叉進行的。事實上，在規定的時間內，保質保量地完成任務更為重要。

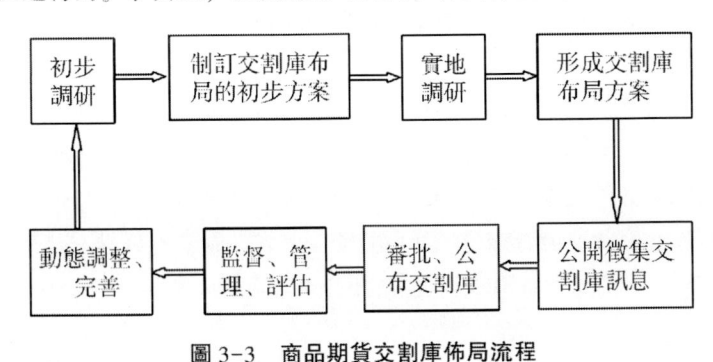

圖3-3　商品期貨交割庫佈局流程

一、初步調研

初步調研所獲數據較為粗略。對於未上市的新品種，交割庫佈局初步調研一般在品種調研階段進行，涉及的部門會較多；如果品種已上市交易一段時間，則以交割部門為主。初步調研主要是對影響交割庫佈局的因素進行調查，

瞭解相關商品在各個不同地區的生產、消費、流通、加工、庫存、流量和流向以及倉儲情況（見圖 3-4）。

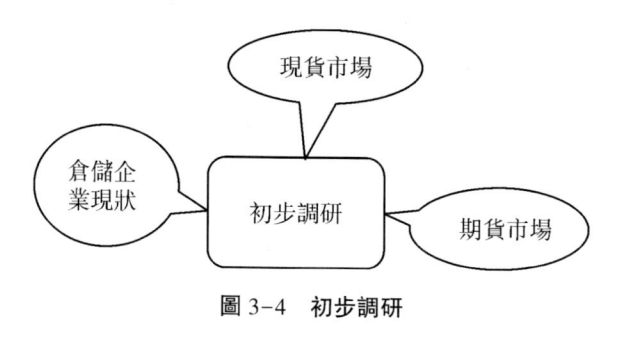

圖 3-4　初步調研

（一）現貨市場

生產方面：該商品近幾年國內生產量，各省份生產量，國內主要生產企業數量和產量概況，農產品的主要種植區域和產量，等等。

消費方面：國內近幾年的消費總量，各省份的消費量，國內以該品種為原材料進行加工的主要消費企業數量及加工數量，等等。

進出口方面：該商品近幾年的進出口總量，不同海關和港口的進出口數量及質量等級，規模以上企業的進出口數量及概況，等等。

中轉及集散方面：該商品進入流通環節的數量約占總產量的比例，貿易流向和流量，是否存在中轉區或集散地，中轉區或集散地的數量，流通格局大致分佈狀況，該品種主要貿易企業的經營覆蓋範圍，等等。

運輸和物流方面：該商品的物流流向和主要運輸方式，各主要運輸方式對運輸工具有哪些要求，運輸過程中為保證品質是否需要特殊處理，等等。

（二）期貨市場

已上市品種：現有交割庫佈局是否合理，其設置是否有助於提高期貨交易活躍程度，交割庫能否滿足現貨商的交割需求，有沒有改變商品的運輸流，是否需要根據期貨交易量和交割量增加或減少交割庫數量，交割庫的輻射範圍，等等。

未上市的新品種：國際期貨市場交割庫設置概況、交割質量標準及交割制度，國內現貨中遠期市場或商品現貨交易中心，等等。

（三）倉儲企業現狀

倉庫方面：該商品國內現有倉儲企業的大致數量、分佈、庫容、信用狀況，商品在儲存方面是否有特殊要求，儲存方式，儲存費用，達到一定儲存標準的倉（廠）庫數量及庫容和區域分佈，等等。

二、制訂交割庫佈局的初步方案

根據上述調研的結果，制訂出期貨交割庫佈局的初步方案。大致確定基準交割區域、非基準交割區域和升貼水範圍。

需要注意的是，基準交割區域最能反應商品的期貨價格。初步設計的方案需要根據以後的調研不斷深化和完善。在該階段，涉及人員可能包含交割部和市場部。

三、實地調研

實地調研主要是對前述大致確定的基準或非基準交割區域內的倉庫、廠庫、質檢機構、場地、規定標準以上生產或消費企業、物流基地等進行實地考察，以求獲得第一手數據。

四、形成交割庫佈局方案

在前期調研的基礎上，通過多方論證，設計交割制度和升貼水標準，確定基準交割地和非基準交割地，建立期貨交割庫佈局優化模型，確定期貨交割庫選址。

五、公開徵集交割庫信息

對已獲批即將上市的新品種，以及需要根據市場情況調整期貨交割庫的已上市品種，應通過交易所網站及其他媒體公開發布交割庫徵集信息，一般包括但不限於以下內容：

（一）區域範圍

一般會明確限定在某一區域範圍內。如於 2017 年 12 月新上市的蘋果期貨，首批交割庫徵集就明確限定地域範圍是陝西、山東、山西、河南。而於 2006 年已上市的豆油，2018 年 1 月發布的徵集信息就明確規定申請企業必須位於廣東省內。

（二）企業資質要求

一般會對申請企業的庫容、場地、設施、財務狀況、信用狀況、註冊資本等提出要求。

（三）申請流程和時間

會明確規定申報截止日期，申報企業需填寫的表格和材料報送要求。

公開發布徵集信息，結合個別重點考察，目的是最大限度地把符合要求的

倉庫和廠庫等選進來。

六、審批、公布交割庫

目前國內很多企業對成為期貨交割庫持相當支持態度，地方政府也積極支持，所以一家企業能否最終成為期貨交割庫，交易所的選擇權或話語權遠大於申報企業。

根據申報企業的材料，再結合行業推薦和個別調研，按照一定標準審批後，交易所在其網站和其他媒體上會公布已獲批的期貨交割庫，內容包括交割庫名稱、地址、聯繫人及電話、升貼水、庫容、到達站或港口、是否是基準庫、出入庫費用等。

為滿足交割需要，交易所除已公開的交割庫外，實踐中還會預留一些備用庫。當然備用庫在正式成為交割庫以前，是不能辦理實物交割的。

七、監督、管理、評估

指定期貨交割庫確定以後，為規範實物交割行為，保證交割正常進行，交割庫需按照與交易所所簽合同辦理日常交割業務。交易所對交割庫還會實行倉（廠）庫自查、交易所抽查和年審制度。

（一）交割庫自查

指定交割庫需按照規定，每月選擇一項或幾項工作內容進行檢查，並將檢查結果送達交易所。

（二）交易所抽查制度

交易所根據掌握的情況或會員、客戶的反應，隨時對各指定交割庫的一項或多項工作進行抽查，並做好詳細記錄，以檢查指定交割庫在日常工作中對交易所的各項規定的執行情況。

（三）年審制度

交易所每一年度對指定交割庫的工作做一次年度檢查和評比。交易所將根據審核評比結果，調整交割庫的配貨量和交割限量。對確實不符合指定交割庫要求又不能做出改進的倉（廠）庫，交易所將取消其指定交割庫資格。

交易所審查的內容包括倉儲設施、庫容庫貌、業務能力、業務實績、帳目管理、會員滿意程度，以及交易所認為必要的其他內容，並根據所審查內容對交割庫業務辦理情況進行評定。

八、動態調整、完善

現貨市場的生產、流通、貿易，期貨市場的交易交割等情況會不斷發生變

化。因此，交易所應密切關注外部市場的變化，設立評估指標體系，根據變化情況及時調整交割地點及交割庫的設置。

交割庫的調整應盡可能微調，以避免大幅調整對市場造成震動。同時也要避免調整過於頻繁和長期不進行調整。

增加期貨交割地意味著更多地區的交易者參與期現套利或套期保值會更加便捷，有助於期貨活躍度的提升，但應注意升貼水的設置。

交割庫佈局確定以後，當發現調整不當或不到位時，要及時採取補救措施，避免不利影響進一步擴大。

第三節　商品期貨交割庫佈局的一般規律

作為高度標準化的期貨合約，各上市品種特點各異，產品存在很大的差異。即使是同一個品種，也會存在質量上和等級上的差別。在交割庫的設置上，儘管不同品種依據的現貨市場千差萬別，但最終的目標是相同的，即貼近現貨市場、連接期貨市場和現貨市場，實現期貨市場價格發現和風險轉移功能。

一、農產品期貨以產區為主，以集散地和銷區為輔

中國目前上市的農產品以鄭州商品交易所和大連商品交易所為主，包括糧食類、經濟作物類、禽畜類和林產品類，既有初級農產品，也有已經過初步加工的農產品。

（一）初級農產品主要以產區為主

初級農產品是指國家規定的種植業、畜牧業、漁業產品及不經過加工的這類產品。按照上述標準，中國已上市的初級農產品有黃大豆一號和二號、玉米、雞蛋、棉花一號、強麥、普麥、油菜籽、早秈稻、粳稻、晚秈稻、蘋果。

上述農產品除雞蛋外，就其本質來說，都是以土地為重要生產資料的，生產受自然因素如氣溫、濕度、陽光、土壤等影響較為明顯，每一個品種在中國大體形成了主要生產區，且多為農民直接生產，沒有生產廠家。另外，它們的收穫具有季節性，但消費卻較為分散，因此，初級農產品交割庫基本上設置在主產區，其次是交通設施便利、轉運方便的港口或消費地（見表3-5）。下面選取部分種類部分品種進行簡要分析。

表 3-5　　　　　　　　　初級農產品期貨交割庫分佈特點

品種	交割庫主要集中地	佈局特點
黃大豆一號	黑龍江、遼寧	以產區為主
黃大豆二號	遼寧、山東、江蘇	以進口口岸為主
玉米	遼寧、吉林、黑龍江	以產區為主
雞蛋	湖北、江蘇、遼寧、山東、河北	以產區為主
棉花一號	河南、山東、新疆、江蘇	兼顧產區和銷區
強麥	河南、河北、山東、江蘇	以產區為主
普麥	河南、河北、江蘇、山東	以產區為主
油菜籽	湖北、安徽、江蘇	以產區為主
早秈稻	江西、湖南、湖北	以產區為主
晚秈稻	江西、湖北、湖南、安徽	以產區為主
粳稻	黑龍江、遼寧、吉林	以產區為主
蘋果	陝西、山東、河南、山西	以產區為主

1. 糧食類

糧食類的典型代表為稻、麥和玉米，稻類上市品種有早秈稻、晚秈稻和粳稻，麥類有強麥和普麥。

秈稻是中國南方的主要口糧，主要種植於南方，全國約有 16 個省份種植秈稻。早秈稻分佈在南方 13 個省份，湖南、江西、湖北、廣東、安徽是全國早秈稻的主要種植區，其中湖南和江西的種植面積和產量約占全國 50%，決定著全國早秈稻的大局。晚秈稻與早秈稻的分佈基本相似，也以江西、湖南、湖北、安徽、廣東、福建、廣西為主。秈稻主要作為口糧，工業加工和飼料用量占比很低。交割倉庫在全國的分佈以產區為主，例如早秈稻交割倉庫位於主產省的主產地，如湖南長沙、常德、永州、益陽、衡陽，以及江西的九江、南昌，倉儲庫多分佈在鐵路和公路沿線以及長江航線，交通運輸便利。

粳稻的主產地有黑龍江、江蘇、吉林、遼寧、雲南、浙江、安徽七省，其中，黑龍江的產量約占全國粳稻產量的三分之一，江蘇約占四分之一。但是，銷往外省的粳稻主要來源於東北三省，其他省份較少。粳稻口糧消費約占其總消費的 95%。由於生產區域以東北為核心，全國粳稻加工企業約四分之一在東北三省內，收購企業如糧食儲備庫也有自己的大米加工廠。為減少成本，加工企業一般在產區粗加工後運往銷區，然後再做進一步加工。

粳稻的倉儲庫以產區為主，即儲備糧庫和糧食庫存都以產區為主，主要位於黑龍江的哈爾濱、綏化、遼寧的瀋陽、營口和吉林的松陽等，基本分佈在鐵路和公路沿線，交通方便。同時，部分加工企業因為擁有自己的倉庫，長年開工，也能滿足期貨交割需要。因此，在交割庫的選擇上，交易所對資質條件的考慮不僅包括主產區的儲備庫，也包括了部分加工企業和貿易商。目前，粳稻的交割庫佈局以產區為主（見表3-6）。

表3-6　　　　　　　　　粳稻指定交割倉（廠）庫一覽表

倉庫名稱	倉庫類型	地址	鐵路站
中央儲備糧哈爾濱直屬庫	倉庫	黑龍江省哈爾濱市香坊區哈平路新發屯7.5千米處	黎明站
中糧米業（綏化）有限公司	倉庫、廠庫	黑龍江省綏化市經濟技術開發區食品工業園區	綏化站
益海嘉里（哈爾濱）糧油食品工業有限公司	倉庫、廠庫	黑龍江省哈爾濱市平房開發區哈平東路10號	黎明站
瀋陽糧油集團直屬糧食收儲公司	倉庫	遼寧省瀋陽市渾南新區沈營路52號	榆樹臺站
營口港務集團有限公司	倉庫	遼寧省營口市鮁魚圈區營港路1號	鮁魚圈站
中糧米業（吉林）有限公司	倉庫	吉林省吉林市吉林經濟技術開發區吉孤路668號	新九站
北京古船米業有限公司	倉庫	辦公地址：北京市順義區牛欄山鎮正大路二號 倉庫地址：吉林省榆樹市環城工業集中區	榆樹站

註：數據來源於鄭州商品交易所網站。

2. 經濟作物類

已上市的經濟作物類期貨品種有一號棉、油菜籽和蘋果。下面對蘋果交割庫的分佈進行簡要分析，理由：蘋果既是中國上市的第一個水果類品種，也是全球第一個上市的期貨品種，意義重大。

蘋果是中國所有水果中產量最大的，其後依次為柑橘、犁、葡萄、香蕉。中國是全世界蘋果生產量和消費量最大的國家。國內有25個省份種植蘋果，以陝西、山東、河南、山西、河北、甘肅為主要種植區，上述6省產量占全國蘋果總產量的80%以上，其中陝西、山東產量最高，占全國總產量的50%左右。

蘋果消費的約 90%是用於鮮食消費，約 10%進一步加工後再消費。雖然蘋果生產的地域性特徵明顯，消費在全國範圍呈廣泛分佈狀態，但是北方地區及主產區消費量大於南方，尤其是陝西、山東、河南、山西、甘肅的消費量最大。因此，中國蘋果的主產區、主銷區就是它的主要集散地，尤其是主產區。陝西、山東的蘋果至少有一半以上銷往全國各地，其他主產區基本在省內或周邊省份消費。

在儲存方面，為保持口感和新鮮度，蘋果的儲存對溫度和濕度有一定要求，且不能長時間儲存，所以秋冬季的消費量較大，夏季的消費量較少。儲存最集中的區域依然在陝西和山東，上述兩省的儲存能力占到全國的 70%以上。現貨貿易中，在非採摘的季節裡，蘋果一般是在儲藏庫中儲存，根據客戶要求發貨；在集中採摘的季節裡，許多貿易商會到現場進行收購，或者是種植戶按照要求進行簡單的處理後，再按客戶要求運到指定的地方。因此，蘋果的交割庫全部設置在主產區，首批指定的 12 家交割倉庫、7 個車船板交割服務機構全部位於陝西、山東、河南、山西（見表 3-7）。

表 3-7　　　　　　　　　　蘋果期貨交割庫一覽表

地區	交割倉庫數量（家）	車船板交割服務機構（家）	是否為基準交割區域	升貼水（元/噸）
陝西	4	3	是	0
山西	2	2	否	-50
河南	1	2	否	0
山東	5	0	否	0

資料來源：根據鄭州商品交易所網站資料整理，截止日期為 2017 年 12 月 31 日。

（二）已加工農產品以銷區或集散地為主

此處的已加工農產品是指以農、林產品為原料，進行工業生產活動後所形成的產成品。目前已上市的此類品種有豆粕、豆油、玉米澱粉、棕櫚油、膠合板、纖維板、白糖、棉紗、菜籽油和菜籽粕。此類產品的上游原材料通常具有季節性，但下游的消費需求季節性不明顯。受制於上游原材料及下游消費企業，有的生產企業佈局在上游原材料較為集中的地方，也有的佈局在距離下游消費較近的地方，還有的佈局在該類產品的集散地。受此影響，其交割庫的分佈，不像初級農產品基本以產區為中心進行佈局，而是既有以產區為主，也有以銷區為主，還有以集散地為主的佈局（見表 3-8）。下面選取膠合板和棕櫚油進行簡要分析，理由是中國林業類上市品種只有膠合板和纖維板（前者占

比更高），棕櫚油的供應則完全依賴進口。

表 3-8　　　　　已加工農產品期貨交割庫分佈特點

品種	交割庫主要集中地	佈局特點
豆粕	江蘇、廣東、天津、山東	以產區為主，兼顧銷區和中轉地
豆油	江蘇、山東、天津、河北	兼顧生產區和集散地
玉米澱粉	山東、吉林、黑龍江、遼寧	以產區為主
棕櫚油	江蘇、天津、廣東	以進口港口為核心、集散地為主
膠合板	浙江、天津、江蘇、廣東、山東	以銷區為主、產區為輔
纖維板	天津、江蘇、浙江、廣東	以銷區為主、產區為輔
白糖	廣西、山東、河北、雲南、江蘇	兼顧產區和銷區，以集散地為輔
棉紗	河南、山東、江蘇、浙江	以產區為主
菜籽油	江蘇、福建、四川、廣西、安徽、湖北	以集散地為主、產區和銷區為輔
菜籽粕	福建、湖北、廣西、江蘇、安徽、廣東	兼顧產區和銷售區

1. 林業類

中國上市的此類品種為膠合板和纖維板，它們同屬人造板。前者以山樟、柳桉、楊木、鬆木等木材為原料，將旋切形成的單板或由木方刨切形成的薄木，膠粘成纖維方向互相垂直的多層板狀材料。後者是以木質纖維或其他植物素纖維為原料，施加尿醛樹脂或其他適用的膠粘劑制成的人造板。兩者上游都以木材為原料，下游則主要應用於房地產、家具製造、裝修裝飾等，且出口遠大於進口。由於它們的上下游具有很多相似性，且膠合板在人造板中的占比比纖維板高出一倍左右，所以此處僅對膠合板進行分析。

中國膠合板的生產比較集中，以山東、江蘇、河南、廣西、湖南、福建、安徽和湖北為主。膠合板中，年產值最大、年產量第二的細木工板被廣泛應用於家具製造，交易所規定用於實物交割的即為達到要求的五層細木工板。細木工板生產的四大省份為山東、江蘇、浙江、河北，而山東又為國內最大的細木工板生產基地，2016 年，其產量占比超過全國的 50%。河北的產量雖高，但主要定位於低端產品市場，以廢舊材料為主。此外，浙江的杭州、江蘇的常州、天津、廣東的廣州和東莞是最主要的貿易集散地，江蘇和浙江的銷量占全國總量的三分之一左右。

在貿易流向上，膠合板的物流流向比較清晰，大體為華北剩餘產能流向遼寧和京津地區，華東剩餘產能流向上海地區，中南地區剩餘產能流向珠三角地

區。從省份上來看，浙江在產量與銷量上都佔有重要比重。膠合板的物流流向基本代表了細木工板的物流流向情況。由於倉儲成本佔板材價值比例較高，現貨企業通常選擇在臨近大城市的周邊地區儲存。因此，在選擇交割區域時，交易所尊重現貨企業的做法，交割區域定位於浙江、天津、山東、江蘇、廣東（見表3-9）。

表3-9　　　　　　　　　　膠合板期貨交割庫一覽表

地區	交割庫名稱	是否為基準交割區域	升貼水(元/噸)
天津	中儲發展股份有限公司	否	-10
	天津全程物流配送有限公司		
河北	中儲發展股份有限公司	否	-20
山東	立晨物流股份有限公司	否	-20
	山東千山木業有限公司		
江蘇	鎮江惠龍長江港務有限公司	否	0
	江蘇奔牛港務集團有限公司		
浙江	平湖華瑞倉儲有限公司	是	0
	南星家居科技（湖州）有限公司		
	浙江省國際貿易集團物流有限公司		
	浙江尖峰國際貿易有限公司		
廣東	廣東國儲物流股份有限公司	否	-20
	中國物資儲運廣州公司		

資料來源：根據大連商品交易所網站資料整理，截止日期為2017年12月31日。

2. 油脂油料類

國內上市的油脂油料類產品主要以大豆、油菜籽為原料加工製成。大豆和油菜籽國內種植較多，主產區特徵明顯；但棕櫚油的主產國為印度尼西亞、馬來西亞，中國國內供應完全依賴進口，並且中國已成為全球第一大棕櫚油進口國。

棕櫚油由油棕樹上的棕櫚果壓榨而成，果肉和果仁分別產出棕櫚油和棕櫚仁油，傳統概念上所指的棕櫚油只包含前者。棕櫚油用途廣泛，既可以食用，也可以應用於化工行業。雖然國內棕櫚油生產、貿易企業眾多，但流通環節發達，貿易流向極為清晰。進口的棕櫚油從江蘇、天津和廣東的港口到達內地，並且形成了以上述地區為核心的生產加工、銷售、貿易流向格局。其中，從天

津進口的棕櫚油加工後主要銷往東北等地；從江蘇進口的棕櫚油加工後則通過長江水道銷往長江流域各省份，或通過鐵路銷往河南、陝西等地區；從廣東進口的棕櫚油加工後主要銷往本省及福建，或以鐵路和公路銷往周邊省份。

由於國內棕櫚油主要依賴進口，所以江蘇、天津、廣東沿線的港口聚集了大量的加工企業和貿易企業，許多大型加工企業也基本上設在港口附近，如益海糧油工業有限公司、天津龍威糧油工業有限公司。上述三省份港口附近的罐容超過百萬噸。另外，棕櫚油價格波動較大，在國內，它不僅受到豆油、菜籽油等其他替代品的影響，也受到上游原材料供應等的影響。期貨交易中，客戶持倉量較為集中，法人客戶參與度占比較高。因此，在交割庫的佈局中，交易所以現貨市場為基礎，交割庫主要設置在江蘇、天津、廣東等進口港口附近，以集散地為主，並以廣東為基準地（見表 3-10）。

表 3-10　　　　　　棕櫚油指定交割倉（廠）庫一覽表

交割庫名稱	倉庫類型	地址	基準庫/非基準庫
泰州市過船港務有限公司	倉庫	江蘇泰興	非基準庫
中糧新沙糧油工業（東莞）有限公司	倉庫	廣東東莞	基準庫
中儲糧油脂工業東莞有限公司	倉庫	廣東東莞	基準庫
益海（廣州）糧油工業有限公司	倉庫	廣東廣州	基準庫
中儲糧鎮江糧油有限公司	倉庫	江蘇鎮江	非基準庫
嘉里糧油（天津）有限公司	倉庫	天津	非基準庫
東莞嘉吉糧油有限公司	倉庫	廣東東莞	基準交割倉庫
江蘇省江海糧油集團有限公司	倉庫	江蘇張家港	非基準庫
嘉吉糧油（南通）有限公司	倉庫	江蘇南通	非基準庫
儀徵益江糧油工業有限公司	倉庫	江蘇揚州	非基準庫
中糧佳悅（天津）有限公司	倉庫	天津	非基準庫
中儲糧油脂（天津）有限公司	倉庫	天津	非基準庫
益海（泰州）糧油工業有限公司	倉庫	江蘇泰州	非基準庫
金天源食品科技（天津）有限公司	倉庫	天津	非基準庫
天津龍威糧油工業有限公司	廠庫	天津	非基準庫
華東油脂工業（泰興）有限公司	廠庫	江蘇泰興	非基準庫

表3-10(續)

交割庫名稱	倉庫類型	地址	基準庫/非基準庫
儀徵方順糧油工業有限公司	廠庫	江蘇儀徵	非基準庫
中糧東海糧油工業（張家港）有限公司	廠庫	江蘇張家港	非基準庫
廣州植之元油脂實業有限公司	廠庫	廣東廣州	基準庫

註：資料來源於大連商品交易所網站。

二、化工類期貨以銷區或集散地為主，以產區為輔

化工產品在國民經濟中佔有重要地位，是許多國家的基礎產業和支柱產業。中國化工行業在經過多年的高速發展後，部分產品存在行業產能過剩，同時化工產品價格不僅受國內經濟因素影響，也受國際市場上下游產業鏈的影響，現貨價格波動劇烈。

大連商品交易所上市的化工品種有聚乙烯、聚氯乙烯、聚丙烯，鄭州商品交易所上市的品種有精對苯二甲酸、玻璃、甲醇，上海期貨交易所上市的品種有天然橡膠。總體來說，化工類產品的生產，不像初級農產品那樣具有季節性，一般是連續大規模生產，同時上游原材料大都受到國際市場影響，產能有過剩現象，競爭比較激烈，所以在交割庫的佈局上，貼近消費市場的較多，或者是沿進出口港口附近區域佈局（見表3-11）。

表3-11　　　　　　　　化工產品期貨交割庫分佈特點

品種	交割庫主要集中地	佈局特點
天然橡膠	上海、山東、海南、天津、雲南	以集散地為主、產區為輔
線型低密度聚乙烯、聚氯乙烯、聚丙烯	上海、廣東、浙江、天津、江蘇	以銷區為主、進出口中轉地為輔
精對苯二甲酸	江蘇、浙江	以集散地為主
甲醇	江蘇、廣東、內蒙古、山東	以進出口中轉地區為主、產區為輔
玻璃	河北、山東、湖北	以產區為主

（一）玻璃、天然橡膠、線型低密度聚乙烯、聚氯乙烯、聚丙烯、精對苯二甲酸

玻璃是中國第一個全部採用廠庫交割方式的期貨品種，所以交割庫全部選

用現有生產企業，即以產區為主進行設點。

　　天然橡膠是中國最早上市交易的期貨品種之一，也是目前應用最廣的通用橡膠，期貨成交活躍，價格波動幅度較大。按照規定，能用於交割的天然橡膠包括國產天然橡膠和進口3號菸膠片。國產天然橡膠實行品牌交割，質量要符合GB/T8081-2008，且是經過上海期貨交易所認可的註冊品牌。進口3號菸膠片實行產地認證交割，即泰國、馬來西亞、印度尼西亞、斯里蘭卡等國生產的3號菸膠片可以交割。

　　天然橡膠屬熱帶雨林喬木，種植地域基本分佈於南北緯15度範圍內，主要集中在東南亞地區，其種植面積約占世界天然橡膠種植面積的90%。天然橡膠主要生產國為泰國、印度尼西亞、馬來西亞、印度、越南、中國、緬甸、斯里蘭卡，尤以前三國為主。目前，泰國、印度尼西亞、馬來西亞是中國天然橡膠的主要進口國。

　　國內天然橡膠的主產區有海南、雲南、廣東、廣西以及福建等地，主要集中在海南和雲南兩省，兩省的種植面積占到全國的98%左右。一般情況下，海南割膠時期為每年3月中下旬至12月中下旬，雲南割膠時期為每年的3月初至12月初。

　　中國天然橡膠的流通特點是：進口天然橡膠主要通過青島、廈門、上海和天津等口岸進入國內。進口膠在進口地被消費一部分，其餘部分的流向為由東向西。國產天然橡膠的流向為由南向北，以主要消費地上海、天津和青島為中心向外輻射。另外，中原地區和東北地區也占相當比例。因此，天然橡膠在交割庫的設置上，以集散地為主，產區為輔進行佈局。

　　線型低密度聚乙烯、聚氯乙烯、聚丙烯屬於三大合成材料（合成樹脂、合成纖維、合成橡膠）中的合成樹脂類。目前，中國是線型低密度聚乙烯、聚氯乙烯、聚丙烯全球最大的生產國和消費國之一。由於上述產品的上游材料多來自石油或煤炭等，因此，其價格受國際原油市場影響較大。從消費區域來看，上述產品具有明顯的地域性，主要集中在長三角、環渤海、珠三角消費區；從產能分佈來看，呈現南輕北重。從進口量來看，廣東為聚丙烯和聚氯乙烯第一大省，上海為線型低密度聚乙烯第一大地區。從期貨市場交易來看，機構客戶數近兩年呈上升趨勢，交割最集中的地方為華東地區，交割量呈增加趨勢。交割庫主要分佈在華東地區和廣東等沿海經濟發達地區，這些地區需求供應充足，倉儲能力強。

　　精對苯二甲酸是重要的大宗有機原料之一，是石油的末端產品。中國已是該產品全球最大的生產基地。在2013年以前，由於中國精對苯二甲酸大量依

靠進口，所以形成了以江蘇、浙江等地方為中心的集散中心。在交割倉庫的佈局上，目前，精對苯二甲酸主要佈局在江蘇、浙江等集散中心。

（二）甲醇

本書對化工期貨品種中的甲醇進行重點分析，是因為甲醇於 2011 年 10 月 28 日在鄭州商品交易所上市後，成交持續活躍，產業客戶較多，他們套期意願較強，並且實物交割量較大。甲醇期貨目前共有 11 家交割倉庫、8 家交割廠庫（見表 3-12），其特點如下。

表 3-12　　　　　　　　　　甲醇期貨交割庫分佈區域

地區	交割倉庫數量（家）	交割廠庫數量（家）	備註
廣東	1	2	進出口中轉區域
福建	1	—	—
江蘇	9	—	進出口中轉區域
山東	—	2	主產區
河北	—	1	—
內蒙古	—	2	主產區
河南	—	1	—

資料來源：根據鄭州商品交易所網站資料整理，截止日期為 2017 年 12 月 31 日。

1. 主要分佈在進出口中轉地區

目前江蘇共有 9 家交割倉庫，主要位於該省的南通、江陰、常州等地。廣東共有 1 家交割倉庫、2 家交割廠庫，它們位於廣州和東莞。

雖然近年來中國甲醇生產企業大幅增加，產能增長迅速，但生產者以中小企業為主，規模以上企業占比較小，總體來說成本偏高。在油價和全球經濟疲軟的大背景下，國際甲醇價格大幅走低，只有中國市場的甲醇需求在與日俱增，加之美國國內甲醇產能近幾年增速較快，導致國外增加對華出口，並且這種趨勢還在加劇。

目前，將甲醇出口到中國的國家包括美國、伊朗、沙特、新西蘭、阿曼、特立尼達和多巴哥、委內瑞拉等。總體來說，南美洲、北美洲、歐洲已行動，而俄羅斯、馬來西亞以及沙特等國正有出口或加大對華輸出量的意向。

江蘇和廣東地處沿海地區，具有豐富的港口資源，如廣東有廣州港、深圳港，江蘇有南京、鎮江、江陰、蘇州、南通、泰州等 6 個億噸大港領銜的「沿江港口群」。從歐洲等國外市場進口的甲醇一般經過港口流向內陸，江蘇和廣

東由於地理位置優越，通常成為甲醇重要的中轉地區。2016年和2017年，通過江蘇進出口的甲醇數量位於全國最前列，廣東也位居前列；江蘇和廣東不僅是進口的重要中轉地區，也是出口的主要中轉區。

2. 甲醇上游生產原料豐富的地區占比也較高

甲醇的上游原料主要有天然氣、煤、焦爐氣。近年來中國也可以以農作物秸稈、速生林木及林木廢棄物、城市有機垃圾為原料氣化合成甲醇。目前以煤和焦爐氣為原料的情況居多，根據資料統計，中國以煤為原料的甲醇裝置產能占國內總產能的65%，以天然氣為原料的占19%，以焦爐氣為原料的占16%。

內蒙古具有豐富的煤炭資源，煤炭儲存總量居全國第二位，而且煤質好，種類齊全，易於開採，並且有良好的煤轉電條件。另外，石油天然氣的儲藏量也十分可觀，全區已探明13個大油氣田，預測石油總資源量為2,030億噸，天然氣的最高遠景儲量可達10,000億立方米，鄂爾多斯高原西部盆地的天然氣田是世界上為數不多的陸地特大型天然氣田。甲醇向資源地集中成為中國產能佈局的主導趨勢，內蒙古由於擁有資源優勢，產量位居前茅，也成為甲醇生產企業最為青睞的地區。雖然山東仍是傳統的甲醇生產大省，但受資源總量和環境容量的制約，近年來產能擴張速度有所放緩。目前，在甲醇產能集中的內蒙古和山東，分別有2家交割廠庫。

3. 期貨成交活躍，產業客戶套期保值意願較強

甲醇是鄭州商品交易所交易比較活躍的品種之一。2017年，甲醇期貨成交量和成交金額占全國期貨成交總量和成交總金額（含金融期貨）的比例分別為4.45%和1.95%，位列該所第二（第一名為精對苯二甲酸，對應比例為4.56%和1.97%）。同時，該品種自上市以來，實物交割量雖波動較大，但保持在合理的範圍內（見表3-13）。期貨持倉量較為集中，產業客戶數量占比較高。

表3-13　　　　　　甲醇期貨歷年交易情況

年份	成交金額（萬元）	成交量（張）	交割量（張）
2011	9,092,023	632,214	0
2012	107,699,454	7,594,824	1,621
2013	111,037,832	6,995,440	2,115
2014	342,935,847	26,751,880	608
2015	1,389,446,274	126,528,747	8,523

表3-13(續)

年份	成交金額（萬元）	成交量（張）	交割量（張）
2016	565,121,250	54,695,606	4,219
2017	731,483,450	54,802,912	2,408

註：數據來源於鄭州商品交易所網站。交割量單向計算，成交量及成交金額雙向計算，交割量及成交量自1406合約開始推出10噸/張的合約，原先的50噸/張合約於1505合約結束。為保持連續性，上述成交量和交割量全部換算為50噸/張。交割量不包括期轉現數量。

四川和重慶因為擁有豐富的天然氣資源，近年來，其甲醇產能擴張迅速。2015年，重慶甲醇產量達1,964,103噸，為全國第7名。四川產量更是由2015年的第19名上升為2016年的第7名。目前，重慶市擁有的20萬噸/年甲醇生產能力的企業，有重慶卡貝樂化工有限責任公司、建滔天然氣化工（重慶）有限公司、重慶萬盛煤化有限責任公司、中國石化集團四川維尼綸廠。同時，重慶擁有國家級的化工產業園區即長壽經開區。毗鄰重慶的四川瀘州，擁有以四川瀘天化股份有限公司為龍頭的化工產業園即瀘州化工園區。重慶水運便利，交通運輸發達。因此，如果在重慶或周邊地區建立甲醇期貨交割倉庫，有利於該區域內企業的套期保值。

三、金屬類期貨以貿易集中區為主，以產區為輔

由金屬元素或以金屬元素為主構成的具有金屬特徵的材料在國民經濟中具有十分重要的作用。金屬材料是人類歷史上應用和研究時間最長，也是目前應用比較廣泛的重要材料之一，人類文明的發展和社會的進步同金屬材料關係十分密切。

金屬材料通常分為黑色金屬、有色金屬和特種金屬材料。黑色金屬又稱鋼鐵材料，包括含鐵90%以上的工業純鐵，含碳2%~4%的鑄鐵，含碳小於2%的碳鋼，以及各種用途的結構鋼、不銹鋼、耐熱鋼、高溫合金、精密合金等。有色金屬是指除鐵、鉻、錳以外的所有金屬及其合金，通常分為輕金屬、重金屬、貴金屬、半金屬、稀有金屬和稀土金屬等。特種金屬材料指的是各種不同用途的結構金屬材料和功能金屬材料。

上海期貨交易所是中國最早成立的交易所之一，其上市交易的品種以金屬為主，另有少量的化工和能源品種。目前，在上海期貨交易所上市的有色金屬包括銅、鋁、鋅、鉛、鎳、錫，貴金屬包括黃金、白銀，黑色金屬包括螺紋鋼、線材、熱軋卷板。鐵礦石則在大連商品交易所上市。另外，有色合金中的硅鐵和錳硅在鄭州商品交易所上市。

上海期貨交易所的交易品種，全部都是工業原材料或貴金屬。黃金因其特殊的地位及屬性，期貨交易客戶如果要進行實物交割，只能由6家銀行（即中國工商銀行、中國農業銀行、中國建設銀行、交通銀行、中國銀行、上海浦東發展銀行）旗下的39家分行提供這一服務。除黃金外，上海期貨交易所上市的其他品種，交割庫基本集中在沿海的口岸城市，且以上海最為集中，其他分佈比較集中的省份是天津、浙江、江蘇和廣東。從交割制度上看，上海期貨交易所的交割庫分佈較接近於單一地點交割（基本集中在上海地區，從庫容與庫存量來看，上海期貨交易所的多地點交割品種的主要業務也集中在上海的交割庫）。白銀期貨的交割庫僅存在於上海，是中國所有上市的期貨品種中，唯一一個嚴格的單一地點交割品種。總體來說，金屬期貨交割庫設在貿易集中區的較多（見表3-14）。

表3-14　　　　　　　　金屬產品期貨交割庫分佈特點

品種	交割庫主要集中地	佈局特點
黃金	河南、廣東、山東、福建、上海	6家銀行、39家分行
白銀	上海	僅設在上海
銅	上海、江蘇、廣東、浙江、江西	以貿易集中區為主
鋁	上海、江蘇、河南、廣東、浙江、天津、山東	以貿易集中區為主、產區為輔
鋅	上海、浙江、江蘇、廣東	以貿易集中區為主
鎳	上海、浙江	以貿易集中區為主
錫	上海、江蘇、廣東	以貿易集中區為主
鉛	上海、天津、廣東、浙江、江蘇	以貿易集中區為主
螺紋鋼	江蘇、浙江	以貿易集中區為主
線材	江蘇、浙江	以貿易集中區為主
熱軋卷板	江蘇、上海、廣東、浙江	以貿易集中區為主
鐵礦石	山東、北京、上海、遼寧、江蘇	以進口港口為主
硅鐵、錳硅	極其分散，江蘇、天津、內蒙古	極其分散，以產區為主、銷區為輔

（一）鐵合金類

中國作為期貨品種交易的鐵合金包括硅鐵和錳硅，它們都於2014年8月8日在鄭州商品交易所上市。鐵合金的用途主要是作為煉鋼時的脫氧劑與合金劑，用以消除鋼水中過量的氧及硫，改善鋼的質量和性能。

硅鐵的主要生產原料是硅石，中國硅石礦主要分佈在陝西、甘肅、寧夏等西北地區。硅鐵的生產區域比較集中，但供應過剩情況比較嚴重。青海、寧夏、內蒙古、甘肅四省份的產量占全國硅鐵產量的60%以上。另外，硅鐵自上市以來，成交極其不活躍。

錳硅礦主要分佈在西南和西北，生產區域分佈也較為集中。廣西、湖南、貴州、內蒙古和寧夏五省份的錳硅產量近幾年占全國總產量的70%以上。由於鋼鐵行業是鐵合金最主要的下游行業，因此，硅鐵、錳硅消費區域與中國鋼鐵行業產能佈局相吻合，主要集中在華北和華東地區。分省份來看，硅鐵和錳硅消費最大的省份是河北，約占全國的四分之一，江蘇一般也在10%以上。另外，錳硅交割量極不穩定。

硅鐵和錳硅在全國共設有18家交割庫，天津和河北為基準交割地。其中7家交割倉庫既可以辦理硅鐵交割，又可以辦理錳硅交割。它們分別是：天津市東麗區魏王儲運有限公司、天津全程物流配送有限公司、曲周縣東之樺生物科技有限公司、江蘇奔牛港務集團有限公司、湖北儲備物資管理局三三八處、玖隆鋼鐵物流有限公司、立晨物流股份有限公司。其中天津2家，江蘇2家，河北、湖北、山東各1家。

另外，硅鐵在全國還設有3家交割廠庫，分別為鄂爾多斯市西金礦冶有限責任公司、騰達西北鐵合金有限責任公司、青海福鑫硅業有限公司，其中內蒙古、甘肅、青海各1家。錳硅在全國設有9家交割廠庫，分別為吉林鐵合金股份有限公司、鄂爾多斯市西金礦冶有限責任公司、寧夏晟晏實業集團有限公司、貴州億祥礦業（集團）鎮遠潤達有限公司、廣西鐵合金有限責任公司、雲南匯通錳業有限公司、中國礦產有限責任公司、內蒙古普源鐵合金有限責任公司、內蒙古瑞濠新材料有限公司，其中內蒙古3家，吉林、寧夏、貴州、廣西、雲南、北京各1家。鐵合金期貨交割庫在全國的地理分佈極其分散，除主產區內蒙古設有4家交割庫，其他主產區基本只設有1家交割廠庫，消費最大的省份河北也只有1家交割倉庫，說明其基本實施的是以產區為主、銷區為輔的佈局方式。

（二）有色金屬類

在已上市的有色金屬品種中，部分品種如鉛、錫、鋁等，國內儲量比較豐富，產能和產量也比較集中。河南、湖南、湖北和雲南是精鉛的主要生產地，四省的總產量一般占全國產量的四分之三。錫礦主要集中於廣西、雲南、湖南、江西、內蒙古等省份。鋁產量最高的則是新疆、河南、山東、內蒙古等省份。另外，一些品種如銅、鎳，國內資源缺乏；其他品種如鋅，雖然國內

27個省份有分佈，但總體特徵是富礦少，低品位礦多，大型礦少，中小型礦多，開採難度大。

有色金屬交割倉庫在全國的分佈，基本上都集中在長三角、珠三角、環渤海等沿海經濟發達地區，這與早期國家經濟發展有關。在早期，沿海一帶特別是上海，工業體系比較健全，消費需求旺盛，各類金屬無論是國內生產的還是國外進口的，主要銷區都在沿海地帶，且沿海地帶交通便利易於商品的流通集散。同時，這些區域的商品倉儲設施比較健全，倉儲能力強，因此，金屬品種的交割庫早期基本上都設在上海，並逐漸擴展到江蘇、浙江、廣東等地。後來，隨著經濟環境的不斷變化和產業結構的調整，上海期貨交易所逐步在產品的主產區和主銷區設庫，但總體來說，調整比較緩慢。

(三) 黑色金屬類

黑色金屬類主要包括鋼材系列產品及其上游主要原材料鐵礦石。下面以螺紋鋼產品為例進行詳細論述。這是因為，線材和螺紋鋼同屬鋼材，但是線材交易持續萎縮，甚至已經淪落為僵屍品種。熱軋卷板期貨標準合約和業務規則的主要內容與螺紋鋼和線材期貨基本一致，交割標準品和替代品都屬於市場上最常見的主流產品；熱軋卷板期貨雖然比線材期貨交易活躍，且交易量連年上升，但與其他品種相比則稍顯冷清，同時它的實物交割量極不穩定，大部分月份沒有交割量。

螺紋鋼是熱軋帶肋鋼筋的俗稱，是鋼筋中的一種主要產品，廣泛用於房屋、橋樑、道路等土建工程建設。按照用途，螺紋鋼可以分為鋼筋混凝土用普通鋼筋和鋼筋混凝土用熱處理鋼筋。目前，上海期貨交易所在全國共設有螺紋鋼期貨交割倉庫11家（見表3-15）。總體來說，它具有以下特點：

表 3-15　　　　　　　螺紋鋼指定交割倉庫一覽表

指定交割倉庫名稱	存放地址	鐵路到站（碼頭）
浙江康運倉儲有限公司	浙江省杭州市拱康路98號（鐵路康橋貨場內）	鐵路：杭州北站康橋貨場專用線
	浙江省杭州市崇賢鎮長路兜22-1號	碼頭：杭州港崇賢港區（內河水運）
	浙江省寧波市江北區白沙路353號	碼頭：寧波港股份有限公司寧波港埠分公司（海運）
鎮江惠龍長江港務有限公司	江蘇鎮江金橋大道88號	碼頭：惠龍港

表3-15(續)

指定交割倉庫名稱	存放地址	鐵路到站（碼頭）
上海期晟儲運管理有限公司	江蘇省靖江市經濟開發區新港園區六助港路1號	碼頭：靖江盈利港務有限公司
中儲發展股份有限公司	無錫市新區城南路32-1號	鐵路：周涇巷
		專用線：中儲發展股份有限公司無錫物流中心專用線
		碼頭：無錫新區新港碼頭
	天津市北辰區陸路港物流裝備產業園陸港四經支路1號	—
	南京市江寧區濱江經濟開發區麗水大街1186號	碼頭：中國儲運碼頭
江蘇金駒物流投資有限公司	江蘇省徐州市鼓樓區三環北路1號，徐州金駒物流園	鐵路到站名稱：江蘇金駒物流投資有限公司專用線
廣東廣物物流有限公司	廣州市白雲區石井鎮龍湖鄉唐閣村西街4號	鐵路：到達(局)大朗(廣)
		專用線名稱：廣東魚珠物流基地有限公司白雲分公司
上港集團物流有限公司	上海市軍工路2400號	碼頭：上港集團物流有限公司共青裝卸分公司

註：數據來源於上海期貨交易所網站。

1. 主要分佈於沿江沿海等水運較為發達的地區，如江蘇、浙江

　　一方面，中國是世界上的鋼材生產大國，2017年，中國粗鋼產量達到8.32億噸，佔全球產量的49.2%。在國內生產嚴重過剩的情況下，中國也成為世界上最大的鋼材產品出口國之一。另一方面，由於受國內生產技術制約，一些高端鋼材產品還需要進口。

　　2008年以前，不管是進口還是出口，熱軋螺紋鋼、鋼筋、鋼材及棒材的增長速度都較快，但出口量遠大於進口量。2008年受金融危機的影響，熱軋螺紋鋼、鋼筋、鋼材及棒材的進出口均大幅下降，隨後的年份，進出量波動較大。但總體來說，上述產品的出口量都不低，2016年，熱軋螺紋鋼的出口量接近20萬噸，鋼材則突破1億噸。進口量雖然小得多，但2016年熱軋螺紋鋼也超過了4萬噸，鋼材為1,322萬噸。

　　目前，螺紋鋼的進出口主要採取水運的方式，江蘇和浙江地處沿海沿江地帶，具有豐富的港口資源，港口運輸比較發達。因此，上述地區也是鋼材產品

進出口的重要中轉地區，從國外進口的鋼材一般經上述港口流向內地，出口的產品則經上述港口運到海外。

2. 部分鋼鐵生產大省沒有鋼材相關產品的交割倉庫

中國鋼鐵企業眾多，產能集中度較低，產品同質化嚴重，但是從地區產能分佈來看，河北、江蘇、山東依然是鋼鐵生產大省。2016年，上述三省的鋼筋產量之和約占全國的三分之一，棒材和鋼材占比約為40%。除了江蘇外，不管是線材、熱軋卷板，還是螺紋鋼，河北和山東作為鋼鐵生產大省，沒有一家鋼材相關產品的期貨交割倉庫。

3. 螺紋鋼是上海期貨交易所最活躍的品種之一，期貨成交量及實物交割量大，企業積極通過期貨市場套期保值

2017年，上海期貨交易所上市交易的14個品種成交總量為27億手（雙向計算），螺紋鋼成交總量接近14億手（雙向計算）。螺紋鋼成交總量占上海期貨交易所成交總量的比例達到51.5%，占全國商品期貨市場成交量的22.83%。

螺紋鋼自上市以來，交易量的增長變化方向與上海期貨交易所的增長方向保持一致（見表3-16），實物交割量雖近兩年有所下降，部分月份沒有交割量，但各年交割量總體來說不低，實物交割量最大的年份達到了6萬手，最小的年份也有7,230手。這說明套期保值企業通過期貨市場獲得實物的積極性較高。

表3-16　　　　　　　　螺紋鋼期貨歷年交易情況　　　　　　　單位：手

年份	螺紋鋼成交量	上海期貨交易所成交量	螺紋鋼交割量
2009年	323,149,042	869,728,136	18,270
2010年	451,224,834	1,243,796,430	60,030
2011年	163,769,578	616,478,280	7,230
2012年	361,124,960	730,658,758	18,600
2013年	587,457,858	1,284,947,960	19,950
2014年	816,156,206	1,684,588,446	10,680
2015年	1,082,071,720	2,100,988,292	28,500
2016年	1,868,296,818	3,361,423,682	12,150
2017年	1,404,038,998	2,728,487,056	11,400

註：數據來自上海期貨交易所網站和中國期貨業協會，成交量雙向計算，交割量單向計算。螺紋鋼於2009年3月27日上市。

四、能源類期貨在交割庫佈局上，不同品種呈現不同特點

目前，國內上市交易的能源期貨品種包括上海期貨交易所的燃料油、瀝青，大連商品交易所的焦炭、焦煤，以及鄭州商品交易所的動力煤。總體來說，部分能源產品如焦煤，國內儲量豐富；另一些能源產品如燃料油，其上游原材料來自原油，國內大量依靠進口。因此，能源期貨產品交割庫佈局既有以銷區為主的，也有以進出口中轉港口為主的，還有兼顧產區和銷區佈局的（見表3-17）。

表3-17　　　　　　　　能源產品期貨交割庫分佈特點

品種	交割庫主要集中地	佈局特點
燃料油	廣東、浙江	以貿易集中區為主
瀝青	江蘇、山東、廣東	兼顧中轉港口和主產區
焦炭	河北、山西、天津	產區和銷區設庫
焦煤	天津、山東、河北、山西	以銷區為主
動力煤	河北	以集散地為主，多數設在中轉港口

（一）燃料油、瀝青

燃料油和瀝青的上游原材料都來自原油。燃料油是成品油的一種，是石油加工過程中分離出汽油、煤油、柴油之後，從原油中分離出來的較重的剩餘物。瀝青也是石油加工的產品，是石油提煉後剩餘的難以分解的固體物質。

1. 燃料油

燃料油作為原料或燃料，主要應用於鋼鐵、電力、建材、煉油與化工運輸業。從燃料油的供需格局來看，中國燃料油主要由中石油和中石化兩大集團生產，少量由地方煉廠生產。從燃料油生產地域來看，明顯呈現地區集中的態勢。華東和東北地區的產量遠遠大於其他地區。2016年，中國燃料油產量超過百萬噸的省份共5個，分別是山東、江蘇、遼寧、廣東、河北，這些省份占全國燃料油產量的一半以上；西南地區燃料油產量占比幾乎為零。同時，中國燃料油的主要消費地區集中在華南、華東地區。2016年，中國燃料油消費量超過百萬噸的省份共10個，分別是山東、上海、廣東、遼寧、浙江、福建、江蘇、湖北、四川、黑龍江，這些省份占全國燃料油消費量的90%以上。由於中國原油高度依賴進口，燃料油也需大量進口以滿足國內需求，據估算，國內燃料油缺口在一半左右。進口燃料油主要在廣東、浙江、上海、江蘇等口岸到岸並銷售，其中廣東省占進口量的70%~80%。目前，燃料油共設有8家交割

倉庫，其中5家位於廣東，2家位於浙江，1家位於上海，全部集中於進口港口沿線，那裡不僅經濟發達，也是燃料油的消費集中區。

2. 瀝青

石油瀝青是原油加工過程的一種產品，在常溫下是黑色或黑褐色的黏稠的液體、半固體或固體，主要含有可溶於三氯乙烯的烴類及非烴類衍生物，其性質和組成隨原油來源和生產方法的不同而變化。根據用途，石油瀝青可以分為道路瀝青、建築瀝青、水工瀝青以及其他按用途分類的各種專用瀝青。

中國瀝青生產商主要為中石油、中石化、中海油三大集團和部分地方煉廠。從地區來看，國內的瀝青生產企業主要分佈在華東、華南和東北地區。原因是：華東和華南地區是進口瀝青重要集散地，資源充足；東北地區煉廠集中，本地產量較大。年產量超過200萬噸的地區及省份是長三角、東北、華南及山東。全國瀝青流向基本呈現自北向南、由東往西依次遞推的態勢。

石油瀝青的消費主要涉及公路、市政、機場及建築防水等，其中公路建設是拉動瀝青消費量增長的主要力量。在國內基礎設施建設投資減緩後，瀝青出口增速加快，出口主要集中在長三角和華南沿海的煉廠。另外，江蘇和浙江是進出口瀝青的主要口岸。目前，瀝青共有13家交割倉庫，9家交割廠庫，其中江蘇有9家，山東有7家，廣東3家。總體來說，交割庫主要佈局在靠近進出口港口、經濟發達的沿海地帶，以及主要生產地區，如山東等。

(二) 動力煤、焦炭、焦煤

1. 動力煤

中國煤炭資源豐富，是產煤大國。從用途上區分，煤炭可分為煉焦煤和動力煤。國內動力煤主要用於火力發電、建材、冶金、化工等領域。從資源分佈來看，中國動力煤分佈極不平衡，主要集中在華北和西北地區。華北地區的動力煤資源儲量接近全國儲量的一半，西北地區接近40%。動力煤生產企業主要集中在中西部，國內最大的企業是神華集團，其次是中煤集團，然後是大同煤礦集團。

從地理上劃分的六大區域來看，中國動力煤消費主要集中在華東、中南和華北區域。華東地區動力煤消耗量一直居於全國首位，其次為中南和華北地區，三大區域動力煤消費量約占動力煤總消費量的四分之三，其餘三區（東北地區、西南地區、西北地區）動力煤消費量約占四分之一。從產業鏈角度看，中國動力煤消費主要集中在電力、建材、化工、冶金以及出口等方面，其中電力與建材動力煤消耗所占比重在80%以上。

由於中國動力煤資源北多南少，西富東貧，動力煤生產和供應主要集中在

山西、陝西和內蒙古西部。但消費主要集中在經濟發達的東部和中南部地區，這種錯位佈局使得動力煤運輸形成了「北煤南運、西煤東運」的基本格局，造成了動力煤生產和消費對運輸的高度依賴。因此，動力煤的基準交割地設在環渤海港口地區，使用車船板一次性交割。同時，中國選定了9家煤礦企業作為交割廠庫，這些企業在港口常年有大量交割，港口提貨點也基本設在河北秦皇島港口。

2. 焦炭、焦煤

焦煤是焦炭生產中不可或缺的基礎原料，焦炭是由煉焦煤在焦爐中經過高溫干餾轉化而來的。在中國現有的技術水準下，生產一噸焦炭大約需要1.4噸焦煤。焦炭的主要用途是高爐煉鐵，它被稱作鋼鐵工業的「基本食糧」，具有重要的戰略價值和經濟意義。

從焦煤查明資源儲量情況看，山西省焦煤查明資源儲量1,694.6億噸，占全國焦煤查明儲量的61.4%；山西省焦煤可採儲量331.6億噸，占全國可採儲量的51.3%，山西省焦煤可採儲量和查明資源儲量均居全國首位。從國內焦煤產能前20名的企業看，山西省占了14家，原煤產能達到1億噸，占全國焦煤總產能的38%。山西是煉焦煤產量最大的省份，其次是山東、安徽。

焦煤資源主要用於冶煉焦炭，進而用於鋼鐵行業，因此焦炭行業和鋼鐵行業的景氣狀況將直接影響煉焦煤的需求狀況。由於焦炭成本中90%以上的成本來源於煉焦煤，焦煤的需求和焦炭、鋼鐵行業緊密聯繫在一起。中國焦煤消費主要集中在華北地區，包括河北、山西、天津在內的華北地區是中國最大的焦炭產區，也是最大的焦煤消費區。同時，該地區也是中國鋼鐵產能最大的區域，河北、山東、山西以及周邊的遼寧、江蘇，生鐵產量超過全國總量的55%。

近兩年，參與焦煤及焦炭交割的客戶逐步呈現地區集中趨勢。參與焦煤交割的客戶主要分佈在河北、浙江、北京、上海、山東、江蘇、新疆、山西和重慶等地，其中前三省（市）的交割量之和接近三分之二，前面五省（市）的交割量接近全國交割總量的九成。參與焦炭交割的企業主要分佈在上海、江蘇、浙江和天津。

第四章　商品期貨交割庫發展現狀

1992年10月，深圳有色金屬交易所推出中國第一個標準化合約即特級鋁合約以來，無論是理論界還是實務界，無論是期貨交易所和期貨公司還是監管部門，均對期貨交割問題進行了大量的研究和嘗試。交割庫作為實現交割的物質載體，是交易所為會員和客戶提供履行期貨合約，進行實物交收和保管的場所，是完成實物交割的必備條件。隨著期貨新品種的推出，期貨交易規模的增加，期貨市場對生產決策的影響日益擴大，越來越多的倉儲業和廠商希望成為交易所的定點交割庫。在借鑑國外成功經驗的情況下，以及國內多年的摸索前行，中國商品期貨交割庫不管是從數量、質量還是管理的規範性上，都已經有了大幅度的提升。

第一節　交割庫地域分佈

中國期貨市場創建初期，各交易所定點倉庫較少，且集中於交易所所在地，交割的重要作用並不為實務界所重視。市場中忽視交割環節、放鬆交割管理的現象十分普遍。這中間，既有客觀因素的限制，也有主觀上的認識不到位。一方面，國際成熟期貨市場的實物交割率很低；另一方面，國內有一種觀點認為，參與期貨交易的目的，無論是套期保值者還是投機者，都不是以獲取實物為目的，交割量少是必然的，不必將精力放在這一環節上。因此，實踐中變相阻止交割的事情時有發生。

在期貨市場創建初期，隨著交割風險頻發，交割的重要作用日益為人們所重視，人們意識到，交割庫的設置是否合理和管理是否規範，會直接影響到期貨市場的價格發現功能。其標誌性事件是，1996年證監會明確發文要求各交易所取消交割總量控制，各交易所需與指定交割倉庫簽訂書面協議，明確雙方

的權利和義務,並且交易所要根據期貨品種的現貨產銷情況對現有指定交割倉庫的佈局、庫容、質檢等情況做一次論證。

隨著交割的作用為人們所認識,僅在局部範圍內或在交易所所在地設庫已經不再能滿足現實需要。20世紀90年代中期開始,各交易所逐漸增加定點倉庫,並且到外地設庫的數量增多。雖然在交易所以外的地方設庫方便了交割,但是也帶來了一些難題,如:升貼水的設置、定點倉庫的管理、會員與客戶構成及購銷渠道和習慣的限制等。

1998年三大交易所的最終確定,使得同一品種在不同交易所上市的情況不再出現,為各品種的統一交割創造了條件,也有利於倉單的流通和轉讓,方便了交易所根據產品特點的不同,在全國不同地方設庫。總體來說,國內交割庫的設立經歷了單一地點向多地點,以交易所所在地為主擴展到根據產品現貨市場情況而向主產區、主銷區或中轉區變化的過程。目前,國內交割庫在地域的分佈上具有三大特點。

一、地域的廣泛性

交割庫實際上也是一個市場,因為它要發揮作用,不僅需要空頭提供交割商品,也需要多頭從交割庫中提取商品。缺乏任何一方,交割庫的作用就無從談起。理論上,交割庫的分佈應以實現期貨合約設計之初對交割基準價的設定,並能滿足投資者的交割需要和合約的流動性為目標。一旦交割庫所在地的註冊倉單和註銷倉單力量失衡,會人為地造成一方交割成本的擴大,最終導致交割庫的作用難以發揮。

新品種上市交易後,交易所會根據現貨市場的變化、期貨市場交易和交割量、倉單的註冊和註銷情況、持倉量及持倉的集中程度、法人客戶的佔比、交割庫的發貨量和經營管理水準等,對交割庫的設置做出動態調整。一般情況下,合約上市後,隨著投資者的增多,參與的現貨商增多,交割區域必然擴大。在這期間,是選擇單獨的產區作為交割庫的佈局地,還是選擇單獨的銷區或者集散區,抑或是綜合考慮上述地點,都值得交易所慎重思考。

當前,中國境內31個省、自治區和直轄市中,除西藏外,其他30個省份都設有交割庫(見表4-1),這表明中國交割庫分佈區域極其廣泛。地域的廣泛性,可以適應商品在供給和需求上的地域差距。至於交割庫選擇在主產區還是主銷區或者集散區,從實踐中來看,主產區設庫有利於倉單註冊者,但倉單的流動性較差;主銷區設庫會使倉單註銷者的成本較低,對提高買方入市的積極性有一定影響;集散區設庫則可以利用已有的現貨市場基礎,促進產品在期

貨市場和現貨市場之間的流動。從三大交易所交割庫的佈局上看，上海期貨交易所交割庫主要設置在華東地區；大連商品交易所交割庫則從早期的大連地區擴展到遼寧、華北、華東和東北地區；鄭州商品交易所交割庫主要分佈於華北、中西部地區以及華南地區。

表 4-1　　　　　不同地區商品期貨交割庫數量統計表　　　　單位：家

省、自治區、直轄市	交割庫數量	省、自治區、直轄市	交割庫數量
黑龍江	20	山東	92
吉林	18	福建	14
遼寧	52	廣東	67
內蒙古	11	廣西	17
河南	49	海南	2
湖北	23	四川	5
湖南	6	貴州	2
北京	13	雲南	6
天津	45	重慶	3
山西	13	陝西	16
河北	53	甘肅	1
上海	79	青海	1
江蘇	144	寧夏	1
浙江	62	新疆	3
安徽	12	西藏	0
江西	10		

資料來源：根據大連商品交易所、鄭州商品交易所、上海期貨交易所網站資料整理，數據截止到 2018 年 1 月 15 日。

二、不同品種的差異性

國內金屬品種基本都設置在貿易集中區或銷區，明顯偏向多頭接貨。原因可能在於：第一，金屬產品的生產不像農產品那樣，受天氣狀況等自然因素影響較大，它的主產區也不會相對集中，而且，對於規模化生產企業來說，提高金屬品種的產量相對於農產品來說更容易完成，一般屬於買方市場的較多；第

二，對多數市場而言，缺少的是買方而不是賣方，交割庫要發揮作用，優先需要的是倉單註銷者，對倉單註冊者來說，可以通過設定升貼水來進行調控；第三，相對於註冊倉單者而言，註銷倉單者的信息及費用更模糊，所以，在交割庫的佈局上更偏重買方，即多佈局在銷區，如果有明顯的貿易集散區，則效果更佳。

中國的金屬期貨品種，基本都在上海期貨交易所上市。早期的金屬品種，交割庫主要集中於上海，對於消費較集中的江浙一帶，基本上都沒有設庫。近年來，交易所逐漸在沿海經濟比較發達、對金屬消費量較大的地區設庫。當然，這跟上海對周邊地區的輻射能力強有很大關係。上海物流業發達，水運極其方便，與周邊的江蘇、浙江等地相鄰，且交通極為方便，因此，能吸引大量的投資者，尤其是加工企業參與。這不但提高了期貨合約的交易活躍度，也有利於套期保值企業規避價格風險。

農產品與金屬產品有很大的區別，它的生產受自然條件限制，地域上產區一般比較集中，但銷區則較為分散。當然，對於像小麥和菜籽油這樣的農產品來說，它們的主產區和主銷區很多時候都會重疊，這便利了交割庫的設置。

如果一個農產品有兩個或以上的主產區，就需要分析哪個主產區的影響力更大，現貨市場上影響力最大的區域，設置倉庫數量自然較多，且一般設為基準交割庫。鄭州商品交易所2006年1月6日上市的白糖，開始設有8家交割倉庫，其中廣西和廣東分別有2家，雲南、江蘇、上海、天津各1家。作為一種重要的日用食品，白糖的銷地相對分散，但產地卻極為集中。其中廣西白糖產量約占國內的三分之二；其次是雲南和廣東，其中雲南白糖產量約占國內的五分之一。目前，白糖共有35家交割庫，作為最重要主產區的廣西有8家交割倉庫，並且基準交割區域設在廣西；而雲南雖也是主產區，因為交通地理位置而未成為基準交割區域，根據倉庫所在地設有貼水；廣東也不是基準交割區域。

國內有部分期貨品種，本身就屬於同一系列，是上下產業鏈的關係，如豆粕、豆油、黃大豆一號和二號，油菜籽、菜籽粕、菜籽油，等等。這些品種在交割庫的設置上，就需要綜合考慮、有機整合。如黃大豆二號主要依靠進口，它是豆粕和豆油的主要原料，上述三種產品在張家港、上海和山東的日照地區都設有交割庫，從而方便了對該三種產品進行套利交易的投資者，也方便了套期保值者的操作。

能源類品種主產區特徵非常明顯，產量雖不像農產品那樣，受天氣等自然因素影響，但與當地儲量有非常大的關係。能源類產品銷區比較集中，且主產區和主銷區分開，物流運輸量巨大。中國已上市的能源類期貨，部分品種國內

儲量豐富，如煤炭類，部分品種大量依賴進口，如燃料油。所以能源類品種，選擇港口設庫的數量較多。以動力煤為例，其主產區為山西、陝西和內蒙古的交匯區，銷區則集中在中南和華北地區，由於運力巨大，運輸時間長，一般以水運為主。水運路線主要有：北方秦皇島、天津等主要港口接轉鐵路來煤，經沿海運輸通道運往華東、廣東等沿海地區；大運河運輸通道接轉津滬鐵路、隴海鐵路部分煤炭和徐州等地煤炭，運往江蘇、浙江等地。所以，國內動力煤的基準交割地設在環渤海港口地區，使用車船板一次性交割；對於交割廠庫，提貨點設在港口，廠庫倉單的最終交割地也設在環渤海地區的港口。因為這些企業在港口常年有大量的交割業務，儘管企業的註冊地不在山西、陝西和內蒙古，只要與上述港口常年有一定的貿易關係，就可以在此交割。

三、交割庫主要集中於長三角、珠三角和環渤海地區

目前，全國已有的840家交割庫中，位於西北地區的數量極少，位於經濟發達的沿海地區的數量最多。如珠三角所在的廣東地區共有66家交割庫；長三角所涉及的省份即上海、江蘇、浙江共有285家交割庫；環渤海地區省份包括北京、天津、河北、遼寧、山東，共設有255家交割庫。長三角、珠三角、環渤海所涉省份交割庫數量達到606家，約占全國數量的三分之二，其中又以江蘇省數量最多，它有144家，為全國設庫數量第一。

（一）珠三角、長三角及環渤海地區是國內經濟最發達的地區

廣東是中國經濟改革的先行地區，是中國重要的區域經濟中心之一，在全國經濟社會發展及改革開放中起到了突出的帶頭作用。珠江三角洲包括廣州、深圳、佛山、東莞、惠州、中山、珠海、江門、肇慶。它擁有一大批具有影響力的先進製造業以及現代服務業企業，是全國經濟發展的重要引擎，也是中國南方對外開放的重要門戶，輻射帶動華南、華中和西南的發展。2011年，該區域9個地級市的生產總值達到4.37萬億元人民幣，占中國境內地區經濟總量的8.4%。2017年第一季度，珠三角9個地級市的生產總值為1.59萬億元，占廣東省生產總值總額的81.7%，其中尤以廣州和深圳的總值最高，分別為4,692.36億元、4,584.27億元，兩城一起頂起了珠三角的「半邊天」，占到了廣東省生產總值58%的份額。經過多年的發展，珠三角地區已經具備了完整的產業鏈及深厚的工業基礎，產業結構較為完善，產業協作能力強。廣州和深圳作為拉動廣東經濟增長的引擎，服務業發達，市場龐大，對資金和人才具有很強的吸引力。其他地級市的鎮域經濟發達，有強大的購買力和大量的經濟活動需求。

長江三角洲經濟區是指由江蘇、浙江、上海三省份，包括上海、南京、杭州、蘇州、寧波等在內的 26 個地級以上城市組成的區域，其中核心區有 16 個城市。它的崛起在珠江三角洲之後，是以浦東開發為龍頭，以集體經濟和私營經濟為主的「蘇南模式」和「溫州模式」相伴隨，從而帶動整個長三角地區的經濟增長。長三角製造業發達，不僅是傳統製造業如鋼鐵、石化、汽車、造船等行業的主要聚集地，也是一些新興行業如航天航空、新能源、電子信息、機器人、生物醫藥等行業做大做強的重要區域。2016 年，長三角中 16 個核心城市生產總值突破 12 萬億元，達到 12.3 萬億元，較 2015 年增長 7.8%，高於全國平均水準 1.1 個百分點，區域經濟總量占全國的比重達到 16.5%。其中，該區域中生產總值上萬億元的城市有 4 個，分別為上海、蘇州、杭州和南京，僅上海就達到 2.75 萬億元。

　　環渤海地區是指由環繞著渤海的全部沿岸地區所組成的廣大經濟區域。以京津冀為核心，以遼東半島和山東半島為兩翼的環渤海經濟區域，主要包括北京、天津、河北、山東和遼寧。環渤海經濟圈是中國繼珠三角和長三角之後的第三個經濟增長極，在中國的經濟發展中扮演著重要的作用。該區域是重化工業、裝備製造業和高新技術產業基地，其發展得益於現有體制下全國資源向都城集中的趨勢，是三個經濟圈中聚集競爭力最強的。雖然近些年來，民營資本和外資的投資比例在增加，但國有經濟占比仍然較高。北京和天津是環渤海地區經濟增長的重要引擎。該地區擁有較為發達和成熟的現代物流中心，山東的青島和菸臺地區、遼寧的大連地區、河北的秦皇島地區，有著優質的港口，便於從事貿易行業。另外，山東、遼寧有著眾多的資源，因此，該地區以資源為主的大型企業眾多，經濟增長很多靠資源拉動。2016 年，環渤海地區的三省兩市生產總值達到 13.18 萬億元，約占全國經濟總量的 17.71%。

　　（二）珠三角、長三角及環渤海地區交通運輸便利，港口縱橫交錯

　　每一種商品，在長期的生產經營、運輸及消費過程中，通常會形成自己的商品流向規律，即沿著最經濟合理的路線和方向，從產地到達銷地。交割庫所在地一般會伴隨較大的物流量。如果交割庫所在位置處於物流結點之上，能夠充分利用已有的運輸方式如水運、鐵路運輸和公路運輸，對降低物流成本、提高物流效率就有積極影響。國內交割庫大量佈局在沿海經濟發達地區，一個重要的原因是這些地區不僅鐵路和公路運輸發達，而且該區域港口眾多，交通極為便利，向周邊的經濟輻射能力強，而水運的成本是所有運輸方式中最低的，且運力巨大。目前，沿海港口已經或正在形成幾大港口群體，在充分發揮大型港口的主體作用時，形成了煤炭、石油、鐵礦石、集裝箱、糧食、商品汽車等

運輸系統的佈局。目前，珠三角、長三角及環渤海地區的重要港口有：

1. 上海港

上海港位於中國大陸海岸線的中心，長江三角洲東部，黃浦江下游，長江入海口岸，東瀕東海，南臨杭州灣，地處長江東西運輸通道與海上南北運輸通道的交匯點，是中國境內最大的國際通航港口。它主要承擔上海市內外貿物資以及部分沿海中轉物資的運輸任務。近十年來，上海港不管是貨物吞吐量，還是集裝箱吞吐量，都連續位居世界前三。

2. 深圳港

深圳港位於珠江口以東、南海大亞灣以西的深圳市兩翼，毗鄰香港。全市260千米的海岸線被九龍半島分割為東西兩大部分。西部港區位於珠江入海口伶仃洋東岸，水深港闊，天然屏障良好。它經珠江水系與珠江三角洲水網地區各市、縣相連，經香港暗士頓水道可達國內沿海港口及世界各地港口。東部港區位於大鵬灣內，是華南地區優良的天然港灣。

深圳港擁有國際先進水準的集裝箱碼頭中央調度系統，貨物以集裝箱為主，兼營化肥、糧食、飼料、糖、鋼材、水泥、木材、砂石、石油、煤炭、礦石等。目前，該港口已與二十幾個國家建立了友好港關係，開闢國際班輪航線221條，可以通往100多個國家和地區的300多個港口。由此可見，深圳港不僅為深圳，而且為廣東、華南地區、香港特別行政區以及國際上的集裝箱中轉箱運輸發揮了重要作用，深圳港與香港港口優勢互補、互相促進，正聯手構築亞太地區國際航運中心。

3. 青島港

青島港位於山東半島膠州灣內，港內水域寬深，四季通航，港灣口小腹大，是中國著名的優良港口。港口吞吐量接近5億噸，集裝箱吞吐量現已進入前七。是中國北方沿海重要的客貨運和外貿港口，也是國內能源運輸的重要港口，煤炭、石油吞吐量占中國總吞吐量的一半以上，主要擔負青島市和山東、山西、河北等省的部分內外貿運輸任務。青島港與高速公路、鐵路相連，其客運站與青島國際航空港、青島火車站連成立體交通服務網絡。發達的鐵路、公路、水路、管道運輸，使青島港具有高效的疏港運輸能力。青島港經海路可達國內各港口，貨運航線可至東北、華北、華東各省份沿海地區。

4. 寧波舟山港

該港由寧波港和舟山港合併而成，2006年1月1日正式啟用該名稱。寧波港是浙江第一大港，也是中國境內各類超大型泊位最多的港口。寧波舟山港是中國罕見的峽道型深水港口，港池內水深一般在12米到30米，深水水域可供

錨泊作業的面積約有82平方千米，能同時停泊1萬至10萬噸級船舶1,000艘以上。

寧波舟山港位於長江經濟帶與國家南北沿海運輸大通道的T字形交匯處，緊鄰亞太國際主航道要衝，對內可通過多式聯運直接覆蓋長江經濟帶及絲綢之路經濟帶；對外可直接面向東亞、東盟及整個環太平洋地區。該港口承擔了長江經濟帶45%的鐵礦石、90%以上的油品中轉量、三分之一的國際航線集裝箱運輸量，以及全國約40%的油品、30%的鐵礦石、20%的煤炭儲備量，是全國重要的大宗商品儲運基地。

5. 廣州港

廣州港是華南地區最大的綜合性樞紐港，地處中國外向型經濟最活躍的珠江三角洲地區中心。它瀕臨南海，毗鄰香港和澳門，東江、西江、北江在此匯流入海。通過珠江三角洲水網，廣州港與珠三角各大城市以及香港、澳門相通，由西江聯繫中國西南地區，經伶仃洋出海航道與中國沿海及世界諸港相連。這一帶的鐵路有京廣、廣九、廣湛線，與全國主幹鐵路相連，形成鐵路運輸網；公路方面，這裡與省內重要市縣均有干線連通，與相鄰省份已經形成了相通網絡。2016年，廣州港貨物吞吐量居華南第一位、國內沿海港口第四位、全球港口第六位。

6. 天津港

天津港位於海河入海口，處於京津城市帶和環渤海經濟圈的交匯點上，是環渤海地區中與華北、西北等內陸地區距離最短的港口，也是中國北方重要的綜合性港口和對外貿易口岸。天津港是在淤泥質淺灘上挖海建港、吹填造陸建成的世界航道等級最高的人工深水港，也是中國最大的人工島，由海港和河港兩部分組成。天津港能滿足30萬噸級原油船舶和國際上最先進的集裝箱船進出港。

天津港經濟腹地廣闊，其直接經濟腹地包括天津、北京及河北、山西、內蒙古、陝西、甘肅、青海、新疆、寧夏等八省份，以及河南、山東的部分地區。其腹地自然資源豐富，三大產業發達，是世界上少有的具有如此廣闊腹地的港口。天津港是華北、西北地區能源物資和原材料運輸的主要中轉港。

7. 大連港

大連港位於遼東半島南端的大連灣內，屬遼寧省大連市轄境，港區分佈在黃海的大連灣和大窯灣內，港區與市區連成一片。它以東北三省為經濟腹地，是東北地區的門戶，也是該區最大的商港和最重要的綜合性外貿口岸。

大連港客貨集疏運條件非常優越，水陸空管道運輸方便發達。①水運方

面，國內可達沿海各港及長江下游港口，有定期客貨班輪航線。該港可達各大洋沿岸國港口，海上運輸已開通到中國香港、日本、東南亞、歐洲等地的集裝箱等的航線。②陸運方面。港內鐵路接哈大干線遍通全國，貨物可與鐵路聯運和換裝；港口經瀋大高速連接東北各地和全國，可實行門到門公路運輸。

大連港是國內第八大海港，貨物吞吐量排名世界第十。目前，它已與世界上 160 多個國家和地區、300 多個港口建立了海上經貿航運往來關係，是中國主要集裝箱海鐵聯運和海上中轉港口之一。大連港也是東北亞油品轉運中心，主要從事原油、成品油和液體化工產品的裝卸和儲運，同時還是亞洲最先進的散裝液體化工產品轉運基地。

8. 連雲港

連雲港屬於江蘇省，位於中國沿海中部的海州西南岸，是橫貫中國東西的鐵路大動脈隴海和蘭新鐵路的東部終點港。霍爾果斯—連雲港高速公路和同江—三亞高速公路在此交匯。連雲港處在中國沿海與內陸進行廣泛交通聯繫的最佳地帶，是新歐亞大陸橋在中國中部沿海最便捷的橋頭堡。它依託隴海、蘭新鐵路，將內陸東西連接起來，與發達的沿海地區共同組成 T 型經濟網絡結構。

9. 營口港

營口港位於遼東半島中部，大遼河入海口左岸。以遼寧中部城市群為依託，背靠東北三省及內蒙古東部廣闊的經濟腹地，是東北三省最近和最便捷的出海口及第二大開放港口，也是該區最大的貨物運輸港。

營口港周邊交通極其便利，鐵路和公路縱橫交錯，其中瀋大高速、哈大公路沿港區而行，長大鐵路直通碼頭前沿。東北地區與俄羅斯、朝鮮半島、日本相鄰。因此，在運輸貨物和集裝箱方面享有一定優勢，海鐵聯運業務量僅次於大連港，位居國內第二。

營口港現轄有 7 個港區，其中營口和鮁魚圈為核心港區。目前，它已與世界上 50 多個國家和地區的 140 多個港口建立了航運業務關係。它裝卸的貨物品種繁多，其中主要有滑石、鎂礦、玉米、煤、油、鋼材、化肥及部分農產品。營口港現已開通 20 多條國內集裝箱專線及兩條國際集裝箱專列。

第二節　數量與庫容

交易所確定好基準交割地和非基準交割地後，核定各交割倉庫的庫容，根據實物交割的總體規模，就可以合理地確定交割庫的數量。一個期貨品種到底

要設多少個交割庫？一般要考慮以下幾個因素：①交易所一定時期上市品種的期貨交易量和交割量；②期貨市場會員與客戶的構成及區域分佈情況；③指定交割庫的位置及出入庫條件；④單個定點交割庫的容量或發貨速度。

如果指定交割庫的數量及庫容多於歷史和預計可供交割量，其好處是為交割提供了寬鬆環境，也為交易所提供了選擇餘地，但也增加了交易所分配交割量指標的麻煩，增加了管理難度，還會引發一些非經濟行為。如果交割庫的數量過少且總庫容不夠，會增加多逼空的風險，為滿足交割需要，則有必要擴大庫容或增加交割庫數量。當然，產品特性不同，市場上可供交割量亦有所區別。一般來說，可供交割量大的品種，交割庫的設置較為分散，且傾向於在消費比較集中的地方設庫；可供交割量小的品種，交割庫傾向於在主產區設置。

一、交割庫數量呈動態調整

中國商品期貨市場的發展有幾個關鍵的時點：第一次是1990年鄭州糧食批發市場的建立，隨後期貨市場迅速進入盲目發展的階段，短短的幾年間，各級政府及部門批准的交易所達到40家，上市品種達50多個；第二次是1998年最終保留下來三家商品期貨交易所，保留品種12個；第三次是2004年，國九條中明確提出「發展期貨市場」，當年上市了一些事關國計民生的大品種如棉花、玉米、燃料油。

期貨市場發展初期，市場投機氣氛極其嚴重，且零交割觀點在市場中占據主流，交易所設立的交割庫數量極少。20世紀90年代中後期，因交割風險頻發，各交易所開始增加定點交割倉庫。定點交割倉庫的增多，自然為交割提供了方便，但也帶來一些問題，如有的庫出現閒置，有的庫無貨進入，反而增加了交易所的投入成本和制定升貼水的麻煩。2000年，證監會開始實行「扶大限小」的政策，小品種實行較高的保證金比例，大品種的保證金比例較低，當年，炒作性強的品種如綠豆成交迅速萎縮以至於退出市場。隨著期貨市場逐漸進入穩步發展階段，大品種的交易日趨活躍。

近十幾年來，商品期貨交易雖有所波動，但上升趨勢不變，成交量和成交趨勢上漲明顯。而新品種的不斷上市，在現有交割量比較大的區域增加交割庫數量，或者在新的地方設庫，為期貨市場的不同交易者提供便利，促進期貨市場的發展，這是交易所必然要面對和考慮的問題。

期貨新品種的持續增加，成交量的擴大，使得國內期貨交割庫的數量增速明顯（見表4-2）。2005年，中國上市的品種共有13個，其中上海期貨交易所和大連商品交易所各4個，鄭州商品交易所3個，交割庫數量154家。2006

年增加了白糖和豆油兩個品種，交割庫數量卻達到182家。2011—2015年，國內加快了期貨新品種上市的推進進程，該段時期內，先後上市了甲醇、玻璃、雞蛋、鐵礦石等14個品種。在期貨品種迅速擴容的過程中，交割庫數量也呈現了爆發式增長。2016年中期，已上市的46個期貨品種中，交割庫數量增加到709家。2017年，雖然只有蘋果和棉紗兩個新品種上市，但是在2018年1月中旬，交割庫數量已突破800家，增至840家。

表4-2　　　　　　　　　不同年份交割庫數量　　　　　　　　單位：家

時間	2018年年初	2016年年中	2006年年底	2005年年底
交割庫數量	840	709	182	154

對於已上市品種，當交割庫確定後，還可能存在不適合市場的地方，或者是市場已發生變化，這時，就需要對現有交割庫進行跟蹤和做出評價。評價的方面既包括現貨市場，也包括期貨市場。現貨市場的大致有：現貨市場中的生產、流通、消費、運輸、價格等。期貨市場的一般有：期貨成交情況、期貨投資者的結構、期貨持倉量與可供交割量、品種交割流程、升貼水水準、交割倉庫的經營管理能力和庫容、期貨價格的代表性等。之後，要根據跟蹤和評價結果對交割庫的佈局和數量進行動態調整。表4-3為2005年已上市品種的部分年份交割庫數量增減情況表。從表4-3中可以看出，這十幾年以來，部分品種交割庫的數量增加極其明顯，部分品種的數量相差不大。下面，將以棉花和線材為例簡述其數量調整依據。

表4-3　　　　　　不同年份部分品種交割庫數量　　　　　　單位：家

品種	2018年年初	2016年年中	2006年年底	2005年年底
黃大豆一號	15	13	18	21
黃大豆二號	7	7	9	4
玉米	51	16	14	11
豆粕	27	28	27	24
棉花一號	21	21	16	15
強麥	14	14	21	22
普麥	13	14	22	23
天然橡膠	21	19	10	10
銅	22	20	5	7

第四章　商品期貨交割庫發展現狀 | 103

表4-3(續)

品種	2018年年初	2016年年中	2006年年底	2005年年底
鋁	44	28	11	12
燃料油	8	8	4	5

註：2018年的數據截止到當年1月15日，2016年的數據截止到當年6月15日，2005年和2006年分別截止到當年年底。

1. 線材

線材和螺紋鋼同於2009年3月27日上市，它們同屬鋼材系列期貨品種，該系列還包括2014年3月21日上市的熱軋卷板。線材剛上市的第一年，交易較為活躍，2009年的成交量達到2,184,032手，0909合約首期實物交割量300手，該年10月至12月的交割量分別為1,230手、2,370手、270手。從2010年開始，線材期貨成交量直線下跌，2010—2017年，期貨成交量分別為303,404手、6,484手、5,434手、7,724手、1,330手、654手、122手、196手，從2010年至今，沒有任何的交割，是國內商品期貨中交易最為清淡的品種之一，已經成為名符其實的僵屍品種。線材期貨在2009年9月中旬首個合約交割完成後，之所以成交量逐漸萎縮，原因在於它與螺紋鋼期貨相比，在供需量、資金的吸引力等方面明顯遜色得多。但是，線材標準合約和業務規則的主要內容與螺紋鋼基本一致，標準品和替代品都屬於市場上最常見的主流產品，兩者的同質性導致線材期貨黯然失色。

線材期貨最開始上市時，共指定9家機構承擔實物交割任務，分別為中儲發展股份有限公司、上海五鋼物流有限責任公司、上海中農吳涇農資有限公司、上海鐵路閔行鋼鐵發展有限公司、鎮江惠龍長江港務有限公司、上海期晟儲運管理有限公司、浙江康運倉儲有限公司、浙江物產物流投資有限公司、天津開發區泰達公共保稅倉有限公司。但因為線材期貨交易清淡，2010年起沒有交割業務發生，因此，交易所自然不會增加期貨交割庫的數量。2014年指定交割機構降為5家，存放地址8處。2017年年底，指定承擔線材期貨的交割機構4家，存放地址7處，分別為：浙江康運倉儲有限公司、鎮江惠龍長江港務有限公司、上海期晟儲運管理有限公司、中儲發展股份有限公司。這些機構同時也是螺紋鋼的指定交割倉庫，主要位於上海、浙江、天津等地。因此，是否要擴展交割區域，或者是否需要增加交割庫的數量，期貨市場的成交量和持倉量是影響它的重要因素之一。

2. 棉花

棉花期貨於2004年6月1日上市，首批交割倉庫共有15家，主要設在棉

花的產區和銷區。其中河南4家，河北和山東各3家，江蘇、湖北、安徽、湖南、天津各1家。該品種上市以來，成交波動極為厲害，交易最活躍的年份為2011年，成交量達到36.26億手；交易最為清淡的是2006年（2004年首次上市時除外），成交量為0.31億手。由於棉花現貨價格波動極大，現貨商或者生產商通過期貨市場避險的需求較大。自棉花上市至2017年，累計交割量為319,752手，平均實物交割率為0.15%，是交割量比較大的一個品種。因此，合理設置交割庫對棉花期貨的套期保值者極為重要。

合理設置交割庫應當滿足投資者交割的需要，實現倉單快速流動，綜合平衡倉單註冊者和註銷者的利益。新疆地域廣闊，農田平整，宜於機械化作業，再加上日照長、晝夜溫差大，特別適宜棉花的生產，因此，新疆一直以來都是中國的棉花主產區，其他主產區依次為山東、河南、湖北、江蘇、安徽，新疆和這五省的產量占全國的80%左右，其中新疆棉花產量占全國的60%左右。棉花主銷區則為山東、江蘇、河南、浙江、湖北，消費占全國總產量的60%左右。自20世紀90年代以來，在國家的大力支持下，新疆棉花不管是種植面積，還是單產、總產和調出量，都已經連續多年位居全國首位。但是，從早期棉花交割倉庫的設置來看，新疆並沒有一家交割倉庫。對棉農來說，如果要註冊倉單，需要把棉花運到內地指定的交割倉庫才能進行檢測，檢測達標後才能註冊成倉單用於交割。由於新疆距離內地較遠，而且運至內地，一旦不達標，只能低價處理，極大地增加了倉單註冊者的風險。

對於某一個品種來說，整個交割倉庫在全國的布點，若沒有把可供交割量最大的區域包含進來，必然會影響該區域內投資者的積極性。事實上，由於新疆棉花運至內地交割倉庫存在著運輸時間長、質量是否達標、升貼水計算後價格是否合算等諸多不確定因素，新疆倉單占倉單總量的比例一直偏低。所以，擴大交割倉庫的佈局範圍，增加交割庫數量勢在必行。通過實地調研及論證，2014年，鄭州商品交易所決定在新疆設立棉花交割中轉倉庫。中轉倉庫主要為新疆棉花期貨合約實物交割提供倉儲等服務，其產生的倉單為中轉倉單，它的最大特點是新疆產、新疆檢、新疆註冊。2016年11月，鄭州商品交易所正式批准新疆區域內的三家中轉倉庫轉為交割倉庫，自2017年9月執行。這三家倉庫分別為：新疆農資集團北疆農佳樂有限責任公司、石河子天銀物流有限公司、庫爾勒銀星物流有限責任公司。自此，棉花期貨交割倉庫由最初的15家增至21家，其中山東和河南各4家，新疆、江蘇各3家，湖北和江蘇各2家，浙江、河北、安徽各1家。

二、交割庫庫容根據市場情況進行優化

交易所應根據各交割倉庫的儲存能力，核定期貨交割庫容，或根據交割廠庫的生產能力，核定日發貨速度。在核定的庫容和日發貨速度範圍內，倉庫或廠庫不得隨意阻撓交割商品的正常入庫，或者隨意調整發貨速度。同時，倉庫或廠庫也不能片面追求業務量而不顧庫容或發貨速度的限制。

如果交割倉庫的數量過少或總庫容不足，很容易形成逼倉，此時就要擴大交割區域或增加交割庫的數量。如果在某一區域內，交割量波動程度較大，現有交割倉庫數量能滿足要求，交易所可以通過重新核定庫容以滿足交割需求。

當交割倉庫佈局好，庫容也確定後，即使隨後的市場運行證明交割的設置方案是合理的，但是當國家政策或外部市場環境發生變化時，交易所還是需要根據市場因素對交割倉庫進行調整，重新核定庫容。當然，在調整的過程中也需注意方式，一方面要避免過於頻繁地調整，另一方面也要避免長期不調整，以至於在問題越來越嚴重時大幅調整而導致市場大起大落。

下面以玉米為例進行簡單分析。

玉米於2004年9月22日上市，首批交割倉庫共有9個。2007—2015年中國對玉米一直實行臨儲收購政策，2004—2015年進口則實行配額制，因為有國家政策保護，所以該品種的交易雖不至於清淡，但企業通過期貨市場避險的積極性不高。2016年，國家取消了對玉米的臨儲收購政策，玉米市場隨之真正走向了市場化。與之相隨的是期貨市場的交易活躍度增加，個人客戶積極進入期貨市場交易，機構客戶套保的願望增強。2016年，玉米期貨成交量達到1.22億手，年度日均持倉1,130,947手，成交量接近2015年的3倍，年度日均持倉是2015年的2.23倍。在實物交割方面，2016年，玉米交割金額達到6.37億元，交割量則為35,410手。在國家政策發生重大改變時，大連商品交易所採取了一些措施，如增加玉米交割倉庫，擴大交割庫容。具體操作策略是：①推出玉米集團交割業務。該種方式允許獲批的集團廠庫倉單產生後，投資者可以協商在該集團所屬的全國任一倉庫提貨，升貼水自行商定。②部分現有指定交割倉庫可以設立延伸庫區。首批試點的指定交割倉庫為營口港，其延伸庫區是分別位於遼寧省鐵嶺市和吉林省德惠市的遼寧益海嘉里地爾樂斯澱粉科技有限公司和德惠金信糧油收儲有限公司。貨主若選擇在延伸庫區入庫，升貼水由貨主與指定交割倉庫商定。指定交割倉庫為入庫到延伸庫區的玉米申請註冊標準倉單時，應當提供交易所認可的銀行履約保函、現金保證金或交易所認可的其他擔保方式。對於存放在延伸庫區的貨物，貨主可以選擇在主體庫區

或在延伸庫區提貨。貨主選擇在主體庫區提貨的，由於延伸庫區存放的玉米從主體庫區出庫時，會延長貨物交付時間，對指定交割倉庫將貨物從延伸庫區運達主體庫區的時間規定了上限及相應的補償或懲罰措施。延伸庫區和集團交割的推出，可以有效解決玉米交割業務的庫容問題，即使玉米期貨合約持倉量、成交量在現有基礎上繼續增加，套保客戶數量再增加，也完全不用擔心庫容問題。

第三節　交割庫的形式

實物交割工作的主體主要由兩大板塊構成：一塊是交割庫的配置問題，另一塊是交割庫的管理問題。其他如交割程序、交割結算，相對來說處於次要的地位。

交割庫的合理配置是期貨實物交割工作的重點之一，是整個交割工作的基礎。國內商品期貨交割庫的佈局大體上經歷了四個階段。

第一階段的特徵是數量少，地域集中。期貨市場建立初期，交易所大多於交易所所在地開設一兩個定點倉庫，用於為實物交割提供服務，這一方面便於管理，另一方面說明交易所對交割量的大小估計不足。這種情況維持了兩三年左右。

第二階段，交易所慢慢嘗試在外地設立交割倉庫。由於交割量增加，交割倉庫過於集中在某一區域的缺陷逐漸暴露出來，庫容緊張、運力不足、疏散不便等因素常常誘發以運輸和庫容為題材的多逼空。鑒於這種情況，交易所慢慢嘗試以交易所所在地為中心，由近及遠逐漸增加交割倉庫，部分交易所之間交割倉庫開始出現重複設置的現象。

第三階段，異地交割庫占主流。隨著新產品的不斷上市，期貨市場功能逐漸發揮出來，參與套期保值的產業用戶和貿易商增加，單一的交割地點越來越不能滿足期貨市場的需要。交易所根據各個產品的不同特性，突破所在區域限制，開始在全國不同區域設置交割倉庫。該趨勢不斷持續，以至於異地交割倉庫的數量不斷增多。雖然上海期貨交易所的金屬品種在本地數量較多，但在整個交割庫的數量中占比呈下降趨勢。另外兩大商品期貨交易所在交易所所在地區設庫數量則極少。

第四階段，交割庫形式呈多樣性，新的交割庫形式不斷被創新出來。新的為實物交割提供履約地點的方式被創新出來。隨著新產品的不斷上市，適合開

發期貨合約的品種越來越少。所以，交易所只能打破常規，創新性地開發出新的實物交割方式來擴大業務。一些新的交割地點被創新出來，如交割廠庫、車船板交割場所，大連商品交易所近期甚至推出了集團交割。

總體來說，目前國內商品期貨交割庫兼具第三階段和第四階段的特徵。

一、按交割庫類別

（一）交割倉庫

交割倉庫是指經交易所批准的，為期貨合約履行實物交割的指定交割地點。它是最早和最常見的，也是中國最普遍的為實物交割提供倉儲服務的場所。目前，國內除玻璃、棉紗和黃金期貨外，其他所有上市品種都設有交割倉庫。

已上市的期貨品種，只單獨設有交割倉庫的產品有：鄭州商品交易所的PTA、白糖、普麥、晚秈稻、早秈稻、棉花、強麥、油菜籽；上海期貨交易所除鋼材類、石油瀝青和黃金外的其他品種；大連商品交易所的黃大豆一號和二號、纖維板、聚乙烯、聚氯乙烯、聚丙烯。

交割倉庫主要來源於市場中倉儲規模達到一定水準、資信較高、管理比較規範、經營業績較好的現貨倉儲企業。現貨倉庫所有者主要有貿易商、物流企業、生產經營商或加工商等，經營性質既有國有的，也有民營的，甚至包括一些大型跨國公司下屬的商貿企業。

一般來說，某個產品使用倉庫用於儲存從而實現交割，要求該產品耐儲藏、易保存，或者產區、銷區、集散地相對集中的地方設有現貨倉庫。這樣一方面方便客戶提取貨物，另一方面也有利於設立升貼水。根據區域的不同，交割倉庫主要分為港口倉庫和內地倉庫。

1. 港口倉庫

交割倉庫所在地一般交通便利。國內交割倉庫選擇的港口基本上位於沿海經濟比較發達的地區，這裡貨物週轉量大，周邊需求強勁，交通比較方便，水路、陸路、鐵路相互交錯。目前，交割倉庫設置最多的港口主要有上海港、天津港、寧波舟山港、廣州港、秦皇島、營口港。在產品種類上，又以進出口量比較大的品種如燃料油、石油瀝青、豆粕等為主；或者是國內運輸量大，且產區和銷區相距較遠的品種，如動力煤等。

2. 內地倉庫

這類倉庫數量最多，廣泛分佈於全國不同地區。目前，雖然金屬類、農產品類、化工類或者是能源類期貨品種在內陸地區都有比例不低的交割倉庫，但

在每一大類裡，具體到某個品種還是有很大的區別。

農產品中，以內地倉庫為主的品種，主要是國內生產量大且主產區明顯的產品如棉花、白糖、稻類、麥類等；而以進口為主的產品如豆粕、棕櫚油在內地設庫數量相對較少。能源類品種如石油類，中國大量依靠進口，所以設庫以港口為主，內地相對較少。金屬類產品全部在上海期貨交易所上市，交割倉庫主要設在上海和江浙一帶經濟比較發達的地區，或者是內地資源比較豐富的地區。化工類品種中，部分產品如天膠，中國大量依賴進口，相對來說在內陸地區設庫數量占比不高。

（二）交割廠庫

交割廠庫是指經交易所指定的，從事交易所指定商品生產和貿易等經營業務，為商品期貨合約實物交割提供貨物及相關服務的企業法人。現階段中國已上市的期貨品種，可以通過交割廠庫簽發倉單的有鄭州商品交易所的玻璃、菜籽粕、菜籽油、動力煤、硅鐵和錳鐵、甲醇、粳稻、棉紗，上海期貨交易所的鋼材、瀝青，大連商品交易所的豆粕、豆油、雞蛋、膠合板、焦煤、焦炭、鐵礦石、玉米澱粉、棕櫚油。

國內最早設立交割廠庫的是大連商品交易所，它借鑑了美國芝加哥期貨交易所的經驗。但是通過交割廠庫來完成實物交割做得最成功的是鄭州商品交易所，發揚光大的品種是玻璃、動力煤和棉紗。

（三）銀行

國內為黃金期貨合約提供實物交割服務的場所是銀行。國內指定的銀行有中國工商銀行、中國建設銀行、交通銀行、中國銀行、上海浦東發展銀行、中國農業銀行，存放庫為上述銀行下屬不同分行或營業部的金庫，在全國共有39處。

黃金是一種特殊的商品，它既具有一般商品的特徵，同時又具有貨幣、金融屬性，而且是資產的象徵。因此，黃金價格不僅受供求關係影響，也對經濟、政治變動極為敏感，美元也是影響金價的重要因素之一。現實中，黃金還有世界儲備功能，官方和私人把黃金當作具有長期儲備價值的資產，將其應用於公共及私人資產儲備。

由於黃金的特殊性質，國家對黃金的生產經營和進出口資質有嚴格的規定。商業銀行參與黃金市場的身分較為複雜，兼具代理業務、執行央行黃金業務、自營業務的多重角色，是黃金市場的重要仲介機構。黃金期貨上市的首批指定交割金庫為中國工商銀行、交通銀行和中國建設銀行。

（四）車船板交割場所

中國現階段設立有車船板交割場所的產品共計5個，分別是普麥、油菜

籽、蘋果、動力煤、雞蛋。下面選取其中一部分進行簡單闡述。

1. 動力煤

動力煤的車船板交割場所設在現貨市場主要中轉地和集散地的北方4個海港，即秦皇島港、唐山港、天津港和黃驊港，以及南方的部分港口如廣西防城港、福建可門港、廣州港等。買賣雙方在交易所規定的港口所在地的輪船船板上就可完成動力煤的交割。動力煤車船板交割在充分依託動力煤現有流通格局的基礎上，以充足的可供交割量為保障，最大限度地實現交割順暢和便捷。

2. 雞蛋

雞蛋的指定車板交割場所分別為湖北家和美食品有限公司和濟南良新商貿有限公司。中國雞蛋養殖規模總體偏小，主產區和主銷區區分並不明顯，且雞蛋的保鮮要求較高，現貨市場的出貨速度極快。採用車板交割，則可以最大限度地減少中間的運輸距離和運輸時間，加快出貨的速度，解決保鮮的問題。

3. 蘋果

蘋果的車船板交割服務機構包括：陝西恒鑫源現代農業開發有限公司、延長陽光果品有限公司、延安美域高生態農業科技股份公司、靈寶市鶴立果蔬產業有限責任公司、靈寶市永輝果業有限責任公司、山西陽煤新科農業開發有限公司、萬榮縣華榮果業有限公司。

之所以設立車船板交割服務機構，是綜合考慮現貨市場蘋果的品種特點及交貨習慣。在採摘季節裡，蘋果要在較短的時間內完成採摘，工作量極大，如果都運到指定的倉庫再進行交割，一方面倉容可能不足，另一方面在人手不足的情況下更會造成人手緊張。另外，設立車船板交割服務機構用於實物交割，有利於擴大交割區域，最大程度上覆蓋蘋果現貨市場上的多種經營主體，滿足產業各環節相關企業的交割需求。還可以有效降低交割成本，便於交割實施，擴大現貨可供交割量，降低交割風險。

二、按交割庫的地位

影響商品現貨市場價格的因素紛繁複雜，需求和供給卻是最核心的因素。交割庫有可能設置在產品生產非常集中的地方，也有可能設置在消費非常集中的地方，或者是商品的物流中轉區或集散地。上述區域所形成的價格可能是全國同類商品價格的風向標，或者在全國有一定的影響力。設置在最具有價格影響力區域的交割庫稱之為基準交割庫。畢竟基準交割區域內的交割庫數量有限，輻射範圍也有限，不能滿足整體交割需要。因此，很多時候，交易所還會在其他產區、銷區或中轉區的相對集中，但影響力要小一些的地方設置部分交

割庫，作為基準交割區域的延伸和補充。設置在該區域內的交割庫稱之為非基準交割庫。

基準交割庫和非基準交割庫在期貨價格發現功能中的地位是不同的。一般來說，期貨價格發現的理想過程是：首先發現基準交割區域內的價格，然後通過區域升貼水的設計發現非基準交割區域內的價格，最後通過物流或其他環節間接發現其他非基準交割區域內的價格，從而實現期貨價格的發現功能。

(一) 基準交割庫

基準交割庫的升貼水為零，當然，升貼水為零的交割庫不一定是基準交割庫。基準交割庫通常設置在現貨市場價格影響力大的地方，該區域內的價格最具有代表性。基準交割庫最終決定在何地，是期貨合約設計的重要內容，不僅會影響期貨價格發現功能的實現，也會影響到套期保值用戶交割的積極性。如果基準交割庫布置不合理，有可能會改變產品的物流方向，增加不必要的物流運輸成本。

基準交割庫具體確定區域與產品特徵有很大的關係。中國已上市的農產品，基準交割庫選擇在主產區的較多，如果有國儲倉庫，則以它為基準交割倉庫的也比較多。如強麥，它的主產區集中在河南、山東和河北等地，則會選擇多個地方設立基準交割庫，或者以某個地方為基準交割區域，其他地方的升貼水也設為零。不同品種的物流特徵不同，如精對苯二甲酸，進出口以江蘇或浙江為主要中轉地，銷售比較集中，所以基準交割庫設置在江蘇，但位於浙江的交割倉庫不設升貼水。

(二) 非基準交割庫

非基準交割庫一般通過升貼水的調整來減少現貨價差的影響，升貼水依據各品種的現貨市場是區域性還是整體性市場來確定。區域性市場指的是該市場的區域性特徵較為明顯，不同區域之間的產品生產或消費相對獨立，它們之間沒有形成穩定的物流關係。整體性市場是指在全國有比較固定的、穩定的物流方向，價格關係相對來說比較簡單。

整體性市場在設置非基準交割庫的升貼水時就比較簡單，參考基準交割倉庫和運輸物流成本就可以逐級確定。區域性市場由於每個區域相對獨立，物流關係並不太穩定，所以升貼水主要考慮的是兩個不同區域之間的現貨價格差。

事實上，非基準交割庫設置過多，不僅加大了升貼水設置的複雜性，使期貨價格的代表性和確定性減弱，也會降低現貨生產商依據期貨價格指導生產經營的作用。

第四節　交割庫管理

　　經過多年的實踐摸索，以及在學習國外先進的交割倉庫管理和營運經驗的基礎上，中國已探索出了一套對交割倉庫和廠庫進行管理的較為行之有效的方法。

　　在交割庫的選擇上，交易所一般都有較嚴格的評比指標。交割倉庫或者廠庫一旦選定，交易所就應與之簽訂協議，明確雙方的權利、義務和法律關係。同時，交易所應對倉庫或廠庫有關管理人員進行期貨專業知識的培訓，開展定期或不定期的抽查或檢查，交割庫不搞終身制。

　　交易所與交割庫之間的協議，通常會載明交易所對倉庫或者廠庫的管理權限和管理方式。這種管理權一般會體現在三個方面。①交割庫行為規範的管理。它規定了交割庫在履行實物交割工作中的權益和義務範圍。權益和義務的明確，無疑使交割庫的業務行為得到界定，成為交易所規範交割庫行為和交割庫維護自身利益的法定依據。②交易所對定點交割倉庫或廠庫的期貨交割貨物業務流程的制定權。交易所對交割商品的出入庫、堆放、質檢、記帳方式、倉單開具、收費標準等項內容進行標準化，來替代各定點庫原來的流程，並要求倉庫或廠庫加強學習，跟上不斷改進的交割業務流程。③交易所對定點倉庫或廠庫有關交割部分的貨物業務運作的監督權和獎懲權力。它規定了對交割庫業務工作的監督、檢查的內容和手段，如每年的年審和年檢，定期和不定期的數量、質量、收費檢查，以及對違規、違約責任的界定和查處方法，根據檢查結果對定點交割庫的獎懲權力。這些管理制度使交易所在規範倉庫或廠庫行為，防範交割風險的監察工作中，有了較強的操作性和有效性。

　　目前，交易所對交割庫的管理主要包括資質的審核、日常運作的檢查和考核、貨物出入庫申報。

一、嚴格的交割庫資質審核

　　隨著上市品種的不斷增加，異地交割庫所占比例越來越高，一些大型企業以及集團也開始成為定點交割廠庫。交割區域不斷擴大，交割倉庫或廠庫數量快速增加，加之不同品種特點不同，交易所的管理難度也隨之增加。為適應外部市場環境的變化，交易所根據監管部門下發的相關文件，以及倉儲專業協會和大型倉儲企業及生產廠家的內部管理制度，再參照交易所現行的規章和細

則，對申報成為定點交割庫的機構的資質進行了統一的規定。

(一) 對申報定點交割倉庫或廠庫的註冊資本和淨資產有明確要求

企業若成為期貨定點交割倉庫，不僅可以增加倉儲保管收入，而且可以提升在行業中的知名度和影響力。如果一個企業成功成為定點交割廠庫，意味著該企業所生產的產品在行業中具有一定的影響力，而且在產品生產完成之前，廠家就可以開出標準倉單和預收貨款，相當於提前把產品賣出去了。因此，能夠成為期貨定點交割庫，是很多企業孜孜以求的事，甚至地方政府都會全力協助。由於企業對申報成為交割庫的積極性較高，再加之交易所對交割風險的控制，因此交易所對申報企業的資質要求較高。

交割是實現期貨市場和現貨市場連接的重要紐帶，保障交割安全是期貨市場的重要任務，提高交割庫資質審核則是保障交割安全的主要手段之一。目前，國內三大交易所對申請指定交割庫的基本條件有：具有工商行政管理部門頒發的營業執照，淨資產和註冊資本達到規定數額，財務狀況良好，具有一定的抗風險能力，無嚴重違法行為，硬件設施達到一定要求，等等。如果是申報交割廠庫，生產量或貿易量需達到一定要求。在具體的資質審核中，充分發揮專業機構的作用，引入第三方財務、法律機構對相關材料進行專業審核，並出具相關評估報告。

除了最基本的資質要求，為保證期貨價格的代表性，交易所在正式批准設立交割庫以前，還會視具體情況，就交割申請人的基本情況是否批准該企業資格，徵求相關交割區域內期貨、現貨行業客戶代表的意見，力求審核過程公平、公正、公開。

(二) 不同品種區別對待，明確最低庫容要求

交易所對申請指定交割倉庫的庫房和堆場，要求達到一定的規模，但每個產品的特徵不同，因此，交易所結合不同品種的特點，對每一個倉庫的最低庫容做出要求。根據生產廠商的企業規模和生產能力，規定最低日發貨速度。另一方面，中國交割倉庫的佈局以華東、華南地區為主，該地區的倉庫庫容相對比較緊張，為確保交割的順利進行，需要交割倉庫保證一定的協議庫容，以確保總庫容的充足。

(三) 根據監管要求，增加備用庫，完善交割庫進出機制

交易所鼓勵行業優質企業申請成為定點交割庫，以充分利用現有資源，提高整體資質水準，保證交割的順利進行，降低交割風險。

新產品上市時，交易所基於合約設計，最大限度地選擇最符合要求的交割庫，確定首批交割庫的名單。在首批交割庫確定之外，根據市場情況和業務發

展的需要，交易所會選擇一定數量符合條件的倉庫或廠商作為備選交割庫，以應對某個時點交割量大幅增加時的需要，避免給市場留下限制交割的誤解。不管是對新品種，還是對已上市的老品種，交易所一般都留有足夠的備用庫，當然備用庫在正式成為交割庫之前，是不允許辦理交割業務的。目前，備用庫已制度化，對其資質的審核完全是參考交割庫的標準進行的。

另外，當外部市場因素發生變化時，交易所會擴展交割區域，增設新的交割庫。交易所一般是根據區域倉單註冊與最低庫容的總量之比來進行評定的，在上述指標達到某一值，交易所需要增加交割庫時，其會通過公開媒體發布交割庫徵求信息，受理企業的申請。對於在年審和日常檢查中不合要求的企業，交易所會做出暫停業務或取消交割庫資格的處理，以便完善交割庫進出機制，防止終身制。

二、較為完善的交割庫考評管理

交易所對交割庫的日常業務操作、交割商品的保管、提供的交割服務等方面都有明確的要求，對交割庫的財務報表、審計報告、營業執照等會進行年審；除此以外，還會就一些其他事項進行專項檢查。交易所在綜合以上所有考評後，進行等級評定。

（一）現場檢查

現場檢查人員一般包括審計、倉儲、法律等方面的專業人員。近年來，隨著異地交割庫數量的增多，以及多種不同性質的企業主體成為交割庫，交割庫的資信狀況、經營情況更加複雜，專業機構在現場檢查中發揮的作用逐漸增大。

現場檢查主要是對期貨商品的數量、質量、所有權等進行檢查。①數量方面。檢查人員一般根據交易所公布的每日倉單數量，核對倉庫保管的期貨商品數量是否一致。另外，還需要抽檢期貨商品數量，與現場實物進行對比，看是否帳實相符。②質量方面。通過核查單據，抽樣查看交割庫所保管的實物是否存在變質情況，是否有質量檢測報告，是否按要求保管和儲存。如果檢查人員無法確定質量問題，可委託專業人員進行檢測。③所有權檢查。檢查期貨商品的記錄，看與現貨商品是否分開記帳，期貨商品註冊人與現貨倉儲合同的客戶是否一致，是否盜用期貨商品非法抵押。必要時可查看原始單據，或請專業機構人員協助檢查。對現場檢查結果，檢查人員和交割庫雙方人員需共同簽字確認。

（二）年審

不管是交割倉庫還是交割廠庫，都是交易所指定的為期貨合約實物交割提

供倉儲等服務的經營實體。其資質和經營狀況直接關係到交割商品的數量及質量安全，是期貨交割風險防範的首要環節。

年審每年進行一次，對開展交割業務的所有指定交割倉庫和廠庫要全部覆蓋。在規定時間內，交割倉庫或廠庫需按照要求提交材料。除需材料完備、流程明確、人員職責清晰外，還要求交割庫提供組織機構代碼證複印件。對涉及法律、審計、財務、交割管理風險等方面的專業性強的內容，可委託第三方專業機構或交易所的職能部門進行審核，以確保年審結果客觀公正、依據充分，風險點無遺漏。

交易所收齊交割庫提交的年審材料後，一般由職能部門匯總評估報告、現場檢查情況、日常檢查和經營情況後，上報評審會，評審會綜合參考交易所職能部門和材料審核部門的意見後，出具年審意見。交易所根據年審結果進行後續處理。一般來說，材料審核部門或機構側重於從專業的角度如法律、財務等方面對交割庫的材料和資質進行審核，交易所職能部門側重於從管理的角度進行評價。

(三) 交割庫等級評定

隨著交割庫數量的增多，倉庫或廠庫之間的差異性也會增大，監管部門對交割庫的要求也會提高，以防止交割風險的發生。目前，各交易所除進行年審、日常檢查或抽查外，還會根據上述檢查結果，綜合其他方面，設計一些指標對交割庫進行評定。

對交割庫的評定，不同交易所的做法雖有所區別，但目的都一樣，就是加強對交割庫的管理，保證交割順暢，減少交割風險。下面以大連商品交易所對交割倉庫的等級評定為例進行闡述。

大連商品交易所對交割倉庫實行分品種等級評定。評定的指標包括跌停板項、必備項指標、加分項指標、扣分項指標。①跌停板項是指可能導致交割倉庫發生重大交割風險和糾紛的事項，只要在年審或其他檢查中出現該事項，交割倉庫的等級直接進入C類。②必備項指標的主要依據是年審和現場檢查，其中年審總分值為35分，現場檢查總分值為40分。③加分項指標主要從交割量和客戶滿意度兩個維度進行，總分值為25分。交割量越大的倉庫，所得分數越高，引入這一指標主要是突出交割倉庫在現貨市場中的地位，並彌補因交割量大而受到投訴機會增多的不利影響。④扣分項指標主要從交割倉庫與交易所的配合度，以及客戶投訴項兩個維度進行。

等級評定對全面評估已有交割倉庫的期貨服務水準、避免交割風險事件發生、提升倉儲服務能力具有重要意義，它也是交易所掌握各交割倉庫動態的主

要依據。

三、明確了交割庫的行為規範

交易所規定了交割商品入庫、質檢、儲存、出庫和倉單生成、註銷等全過程的運作程序，以及對倉庫或廠庫的管理、操作人員工作的詳細要求，使交割倉庫或廠庫在交割業務的運作和完成質量上，都能達到期貨標準化合約履約實物交割的嚴格要求。

實踐中，各交易所根據不同商品的特點，不同的保管要求和產品生產特性，對交割業務制定了一些指導性文件，力求使交割更規範，以達到指導交割倉庫或交割廠庫開展具體交割業務的目的。由於廠庫交割沒有商品入庫這一環節，所以它與倉庫交割存在一些區別。

1. 倉庫交割業務指引

它以貨物入庫生成倉單，至註銷倉單為主線，對交割倉庫涉及期貨交割主要業務點的操作流程及要求都進行了詳細規定。另外還對交割倉庫配合客戶交割、交易所開展交割業務的其他工作進行了規定。具體內容有：商品出入庫、商品質量檢驗、標準倉單的註冊和註銷等，以及其他交割倉庫需協助和完成的工作，如發票的開具、相關材料的報送、信息的公開、庫容庫貌等。

2. 廠庫交割業務指引

它主要是以廠庫簽發倉單，至倉單註銷為止，中間所涉不同主體和行為的具體操作規範。其內容涉及倉單生成、倉單註銷、商品質量檢驗、發貨速度、貨主提貨時間等，以及交易所規定的其他工作。相較於倉庫交割來說，廠庫交割少了商品入庫這一環節，多了最低日發貨速度要求，並且提貨過程也相對更複雜。

3. 專職管理機構或專職管理人員

它明確了指定交割廠庫或倉庫在人員配備上，必須設置與交易所對應的專門人員，配備專職從事交割工作的人員。負責交割工作的部門員工，需接受期貨交割方面的專門培訓後才能上崗。

4. 交割庫費用管理

它規定了交割倉庫或廠庫提供與實物交割服務相關的各項收費範圍、收費標準和收費方式。費用管理的規範，既可保障交割倉庫或廠庫提供服務後的合法收益，也可防止其亂收費用，增加投資者交易成本，產生經濟糾紛。

第五章　商品期貨交割庫風險分析

「風險」是現代經濟學中少數幾個仍然沒有被嚴格定義的概念之一。第一種觀點認為風險是由現實中的不確定性引起的，這種不確定性一般被視為負面影響的先兆。如《牛津英語辭典》將「風險」定義為遭受損失、傷害、不利或毀滅的機會或者可能性。在一個非常穩定、完全可預測的系統中，是不存在風險的，風險源於不可知的市場中內外各種複雜因素的複合擾動，當然也與人的有限理性有關。第二種觀點認為風險雖然也具有不確定性，但這種不確定性對目標實現的影響也是不確定的。也就是說，風險對目標實現的影響可以體現為正向的推動作用、負向的消極影響以及與預期之間的反差等幾種不同的形式。本書傾向於第二種觀點，認為「風險」是不確定性對目標實現的影響，它可以體現為某些事件、環境或結果的改變。

期貨市場的風險可以從它的可控性、產生的主體、交易環節、範圍等多個不同角度分類，比如說：①可控風險和不可控風險；②政府管理風險、交易所管理風險、期貨經紀公司服務風險、交割倉庫或廠庫服務風險、客戶交易風險；③代理風險、流動性風險、強行平倉風險、交割風險、價格波動風險；④系統性風險和非系統性風險。期貨作為一種衍生金融產品，風險特徵與一般金融產品相比有其特殊性，主要表現在：

第一，風險因素的放大性。期貨市場實行的是保證金制度，交易具有槓桿性。中國商品期貨市場的交易保證金，不同產品的比例是不同的，但一般在10%左右，非交割月份或臨近交割月份的保證金比例一般不超過20%。也就是說，財務槓桿比率一般在5倍以上，10倍左右。人們投資獲利的能力雖增加了，但反過來說，一旦市場的變化方向與交易者的預期相反，且市場波動程度過大，投資者虧損的幅度也會大幅增加，甚至「爆倉」以至血本無歸。

期貨市場的風險相較現貨市場的風險要大得多，除卻保證金制度的影響外，還有其他的因素，如：期貨價格的波動比現貨市場的價格波動更頻繁和更

大；期貨交易具有連續性，風險更易於延伸和擴展；期貨交易的量更大，風險更集中；期貨交易從本質上來說是一種遠期交易，遠期交易的未來不確定更多，預測難度更大。

第二，風險與機會共存。期貨市場是高風險和高收益相伴隨的市場，這種風險與機會的共生性，是它的魅力所在，也是人們產生期貨交易的動力。期貨市場是一個零和博弈的市場，一方的收益必然是由另一方的虧損來彌補的。對投資者來說，要想提高自己的收益，就需要提高自身的素質，規範交易行為。因此，期貨的高風險會給交易者帶來極大的壓力。由於期貨中風險與機會的共生性，決定了期貨市場中的風險只能轉移或控制，絕對不能消除，而且控制風險有一定的限度，並不能無限度地控制或轉移。

期貨交易是高風險的交易。其風險，一是發生在交易過程中，一是發生在交割過程中。發生在交割過程中的風險主要包括：多空雙方不能履行交割義務的風險；定點倉庫或廠庫因保管不善，合約標的物發生質量變化而無法進入交割所引發的風險；因交割行為不符合交易所既定程序和有關規定，致使無法交割所造成的風險；交易所對交割量的預估不足，導致庫容不足而無法註冊倉單；交易所對升貼水設計不合理導致註冊和註銷倉單數量減少；等等。

期貨交割過程中發生風險，因為交易保證金的槓桿作用，不僅違約會員的風險急遽擴大，並連帶交易所面對風險損失，而且會給市場帶來劇烈振盪。更為嚴重的是，由於期貨交割與現貨市場的緊密聯繫，交割過程中所發生的風險通過現貨市場的傳導，將對全國市場產生巨大影響。

交割庫是經交易所批准的，為期貨合約履行實物交割提供服務的場所。一旦因自身管理不善，或者是交易所交割制度設計不合理等各種原因導致交割不能正常履行時，有可能會造成多空雙方產生重大損失，甚至引起期貨市場的劇烈振盪，引發期貨市場風險。下面從期貨交割庫風險來源視角，把交割庫的風險分成三類，即庫容風險、交割風險、操作風險。

第一節 庫容風險

一、風險分析

庫容風險是指交割倉庫因倉儲儲存空間有限，或者是交割廠庫受制於生產能力或儲存空間，而無法滿足註冊倉單者或註銷倉單者實物交割的需要，從而導致行為人遭受損失的不確定性。

機構投資者進行實物交割，如果採取倉庫倉單，則期貨空方需把商品運到指定交割倉庫，經倉庫驗收合格入庫後才能簽發標準倉單。如果定點倉庫數量不足或者是儲存能力不夠，則意味著期貨空方無法註冊倉單用於交割。或者是定點倉庫的總庫容雖能滿足交割要求，但某一區域的庫容不足，當期貨空方通過會員向交易所辦理交割預報時，交易所在綜合各種因素後，安排的交割倉庫並不是貨主所希望交割的區域，則明顯會加大運輸成本和時間，從而降低交割的積極性。

　　當然，機構投資者也可以通過註冊廠庫標準倉單完成交割。註冊廠庫標準倉單時，期貨的空方需把全部貨款支付給指定廠庫，廠庫再按照規定簽發廠庫標準倉單，且簽發的總數量需要在交易所核定的庫容以內。因此，交割廠庫的生產能力有限或者是庫容不足，意味著無法在規定的期限內簽發與期貨實物交割量相匹配的倉單。

　　理論上來說，交易所可以根據外部市場環境的變化來調整倉庫或廠庫的數量，增加或減少庫容。但現實中，調整過於頻繁會使得參與者無所適從，調整間隔過長又會使庫容數量難以滿足市場需要。

（一）庫容風險的特徵

1. 突發性

　　交割庫的庫容在某段時間內一般是固定的，正常情況下通常能滿足實物交割的需要。如果市場在某個時點出現極端情況，如多逼空行為發生，空方要組織貨物入庫以便交割，由於在極短的時間內，需入庫驗收的商品急遽增加，交易所在短期內是很難調整庫容的。

2. 不確定性

　　風險本身就具有不確定性，但它是一種可以計量的不確定性。但在期貨市場中，期貨市場的交易主體由於受交易者的知識、能力、經驗、信息掌握程度等主觀因素的影響，在具體做出決定時，其不確定性可能會更大。因而要準確地量化交易者的投資行為並做出客觀評價有很大的難度。

　　期貨投資者的很多決策本身就是在一個不確定的環境中進行的。經濟生活中的不確定性是始終存在的，它也是投資者從事金融活動時面臨的現實問題。由於很難對期貨交易者的投資行為進行準確計量，也就無法提前對未來較長時期的庫容進行準確預估，庫容是否能滿足交割需要也就具有不確定性。

3. 可控性

　　期貨市場中風險的存在及其發生要服從概率分佈，它不能無限制地任其發生，但也不是具有確定不移的因果規律，而是以一種或然規律存在或發生著。

作為期貨市場的一類具體風險，交割庫的庫容風險是可控的。期貨交易所、期貨監管機構和參與機構是可以依據一定的方法、制度等對風險事件進行識別、預測，事前採取預防措施、事中化解和事後補救，從而避免風險發生，或者在風險發生時，把風險的不利影響降到最小。

(二) 庫容風險的傳統預防方法

1. 啟用備用交割庫

不管是新上市的品種，還是已經上市交易的舊品種，交易所在設立交割倉庫的同時，還會設立一定數量的交割備用倉庫或廠庫。一般來說，備用交割庫經交易所正式批覆和公示後，才能簽發標準倉單。

備用交割庫申請所需要的條件和正式交割庫是一樣的，不管是在資質、財務狀況上，還是在硬件設施上都沒有差別。每年交易所定期或不定期地對現有交割庫進行現場檢查和考評，審核評估交割庫的資質變化和經營狀況，對不符合要求的現有交割庫取消交割資格或暫停業務辦理，或者採取其他的處理措施。當某一區域內的交割庫因某種原因不能正常辦理交割業務時，如果交易所預估該區域內的交割數量基本維持以前水準，則會啟動備用交割庫。

另外，當國家的某些政策發生改變時，或者是根據一段時間內的追蹤觀察，發現現有區域內的庫容已經不能滿足現在或未來的實際需要時，交易所也會啟用備用交割庫。

2. 適時對庫容進行調整

在中國，個人投資者是不允許進行實物交割的，只有符合要求的機構投資者才能進行實物交割。因此，交易所對每一個上市品種的投資者結構會進行關注，分析法人客戶在其中的占比情況，這一比例是上升的還是下降的。除此以外，目前一段時間內的實物交割量，以及臨近交割月時的持倉情況，某一合約上市以來的最大持倉量都是需要關注的內容。交易所通過對上述內容的分析，再結合現有總庫容，和市場上能滿足交割要求的商品數量等綜合考慮，時機合適時決定是增加還是減少交割庫數量，或者是對現有已辦理交割業務的倉庫或廠庫的庫容重新核定，從而對總庫容進行調整。

3. 交割庫需繳納交割擔保金或風險抵押金

該預防方法不僅可防範庫容風險，而且也是預防交割風險、操作風險的重要措施。

交易所對指定交割庫有著非常嚴格的考核標準，只有那些財務狀況良好、規模達到一定程度、在行業中有一定影響力、信譽良好的企業才能成為指定交割倉庫或廠庫。一旦某倉庫或企業被交易所批准為交割庫後，需要向交易所繳

納風險抵押金，或稱之為交割擔保金。當交割庫因自身原因不能履約或無法履約時，抵押金或交割擔保金將被動用以保證履約，如果還不夠，交易所將提供集中履約擔保，並保持追償權利。

第一，對於交割廠庫來說，其簽發的每一張標準倉單，從本質上來說是一種信用倉單，是以該企業的資信作為信用倉單的第一道保險。第二，交易所要求廠庫必須提供銀行出具的保函或提供100%的現金擔保。第三，交易所對交割廠庫的生產能力、運輸能力及庫存狀況等都有考核指標，要求廠庫開具的倉單數量必須在核定的庫容以內，不能夠開具超過交易所核定庫容的倉單；而且對廠庫出具的最大倉單數量、貨物出庫時間和速度、違反規定的處理措施都有明確規定。上述措施對防止庫容風險及交割風險等都有重要作用。

(三) 預防庫容風險需關注的指標

1. 法人客戶的持倉量

商品期貨市場的交易者主要有兩種類型：套期保值者和投機者。在一個成熟的期貨市場裡，套期保值者的存在，為期貨市場的存在提供了可能和保障，當然也為投機者提供了機會；而投機者的存在，提高了市場的流動性，也使得套期保值者的套保交易可以順利完成，並且承擔了套期保值者所轉移的風險。

國內期貨市場的投資群體，按性質來分，主要有法人和個人客戶。受限於國內交易制度的規定，個人客戶是不允許進行實物交割的。因此，能夠進行實物交割的只有法人客戶，主要以國有企業、民營企業和三資企業為主。

因為政策法規的限制，國有企業參與期貨市場，一般僅限於從事相關品種的套期保值業務。民營企業和三資企業在交易品種的選擇上，靈活性相對更大，它們進行套期保值的需求較強，也是進行該項活動的重要力量。

衡量期貨市場容量大小的指標通常有交易量和持倉量兩個指標。交易量是時期指標，持倉量是時點指標。交易量大，意味著該期貨合約活躍，但並不代表實物交割量大。原因在於：一方面國內個人客戶數量在總客戶數量中的占比呈絕對優勢；另一方面，即使是法人客戶，他也可以選擇反向平倉結束期貨合約。所以，持倉量尤其是法人客戶的持倉量更能反應未來實物交割量的大小。

國內期貨合約在臨近交割月時，交易所會上調保證金比例，在交割月，保證金比例還會再一次上調。由於只有法人客戶才有可能進行實物交割，所以，法人客戶的持倉量在總持倉量中的占比越高，意味著通過交割來了結合約的可能性越大。尤其是臨近交割月或已進入交割月時，當法人客戶的持倉量很大，超過核定的總庫容，則有可能因庫容不足而無法進行交割，從而引發風險。

2. 可供交割量和實物交割量

廣義上的可供交割量是指在一段時間內，現貨市場上符合期貨交割質量標準要求，可以用於履行期貨合約的商品數量。它包括所有交割頭寸的商品，如已經辦理交割登記手續的商品，以及可以通過簡單的等級加工達到交割要求，或者是通過分類、篩選和其他方法使產品成為符合交割品級要求的商品。市場上達到技術要求或使之符合交割標準的商品供給總量是不確定的。所以可供交割量一般是指在交割月份，實物交割頭寸中已登記的有效商品數量，以及其他地方的存貨，這些存貨可以在正常行銷成本之內增加交割頭寸。這些其他地方的存貨很容易進入交割倉庫，因此理所當然地被視為可供交割量的一部分。可供交割量的大小，理論上是大於交割庫庫容的。交易所應適當關注區域內的可供交割量與全國可供交割量之比，以及區域內可供交割量與庫容之間的關係，這一點農產品尤甚。這是因為，相較於工業的大規模連續生產，農業的生產具有季節性，如果在產區、銷區或集散區，可供交割量與交割庫庫容之比嚴重失衡，倉單註冊者有可能無法註冊倉單。

實物交割量是指某段時間內，交易雙方已按交易所的交割程序和規定，以實物履行期貨合約，從而了結未平倉合約責任和義務的商品數量。依據平均實物交割量來確定交割庫庫容大小，很多時候並不科學。這是因為：部分交易極其清淡的品種，它的實物交割量很少，甚至部分僵屍品種全年交割量為零；但對大部分品種來說，不同月份的實物交割量波動相當大。所以交割倉庫的倉儲能力，或者是交割廠庫的生產和儲存能力，應當滿足特殊月份的實物交割量需求，這樣才會減少逼倉的發生。比如說，某一期貨合約已進入交割月份，持倉量極大，如果市場上可供交割量充足，空方組織貨源不會存在操作上的難題。如果庫容不足，則極可能導致空方無法履行合約，從而造成重大損失。

3. 現貨倉儲庫的庫容

中國商品期貨交割以倉庫標準倉單為主，倉庫交割仍然是交割的主要方式。不管是備用交割倉庫，還是已正常辦理業務的交割倉庫，均來自現貨市場中倉儲達到一定規模，其他各項指標滿足交易所要求的現貨倉儲企業。因此，現貨倉儲庫的庫容決定期貨交割倉庫的庫容大小。

由於現貨市場的複雜性和變化性，影響現貨市場的因素錯綜複雜。當現貨市場的生產、消費格局發生變化，新的物流結點逐漸形成時，交易所需評估該地區是否應該增設新的交割倉庫。或者是某區域註冊倉單數量趨勢發生改變時，是否應調整現有佈局。不管是增設，還是調整倉庫庫容，都是建立在現在已擁有的倉庫水準的基礎之上的，它不能夠也無法脫離現貨倉庫的倉儲能力和

庫容大小。

二、風險來源

庫容風險，從表面上來看，是現有交割庫的倉儲能力不足以滿足期貨市場實物交割數量的要求。揭開表象，背後可能是現有交割庫的佈局沒有跟上市場的發展需要，也有可能是短期內市場出現異常情況，交易所沒有及時或來不及調整庫容所致。

（一）市場供需環境發生改變

一種商品在長期的生產經營中，基本上都會形成較為穩定的產業鏈和物流方向。期貨交割倉庫或廠庫的設置，基本上佈局在該產品長期發展中業已形成的產區、銷區或中轉區位置。

產業鏈上下端的供給和需求會受到許多因素的影響。在宏觀經濟環境確定的情況下，一種商品的供給和需求顯然和該商品價格漲跌有直接關係。當宏觀經濟形勢向好且處於上漲週期中，如果商品供不應求，會使得原來上漲的價格以更快的速度上漲，刺激供應繼續增加。當宏觀經濟形勢較差且處於下跌趨勢中，如果商品供過於求，會使得原來價格下跌的趨勢更加明顯，即使供應減少，價格也很難上漲。在商品供給和需求數量隨價格變化的過程中，如果交割庫的庫容沒有隨著外部環境的改變進行調整，當市場交易活躍時，有可能出現庫容不足，從而無法滿足期貨交易者實物交割的需要。

另一方面，商品供需除直接受價格因素影響，還受其他許多因素的影響，如國際國內政治、經濟、法律法規、自然、心理、生產成本、替代商品、農產品的生產季節性等。①當國家間政治關係緊張，對某種商品限制進出口，引發需求國或進口國進出口數量大幅減少，通過別國進出口的數量會大幅增加，則會使得進出口路徑發生改變，以前該商品進出口必經之地的港口貨運數量會大幅減少，而其他港口的數量則會大幅增加。如果這種現象持續下去，商品物流方向發生改變，而交易所並沒有在新的物流節點增設庫容，也會引發庫容風險。②已上市的某品種，如果對進口依賴極高，而出口商品所在國的貨幣大幅貶值，導致進口該種商品的成本價格大幅下跌，則會使進口意願上升、進口量增加。在商品價格波動頻繁的情況下，隨著進口量的增加，倉庫的庫容也有可能不足。

具體來說，供給指的是在某個分析時段內，商品賣出方願以一定價格出售的商品數量總和。一種商品某時段內的供應量，與該商品期初結存量、當期生產量和進口量有直接關係。需求指的是在某個分析時段內，商品需求方願以一

定價格購買的商品數量總和。分析期內需求量時，需關注該時期內商品的消費量、出口量、期末結存情況。在商品的供給和需求沒有太大波動情況下，一般來說，期貨交割庫的庫容基本上是滿足交割要求的。但是，影響供求的情況錯綜複雜，當商品在某段特定時期內的供求變化較大，而交易所對交割庫數量和庫容的調整跟不上市場變化的節奏時，短期內庫容不能滿足交割的實際需要，發生庫容風險便有可能。

(二) 基差異常

基差是指一種商品在某一特定時間和地點的現貨價格與期貨價格之差，即：基差＝現貨價格－期貨價格。當現貨價格的增長大於期貨價格的增長時，基差也隨之增加，稱為基差擴大。當期貨價格的增長大於現貨價格的增長時，基差減少，稱為基差縮小。當基差超過合理範圍，交易者可以通過現貨市場和期貨市場建立相反的頭寸來獲利，即：①交易者在現貨市場做多，期貨市場做空，如果基差為正並正在擴大，或基差為負並正在縮小，將獲利；②交易者在現貨市場做空，期貨市場做多，當基差為正並正在變小，或基差為負並正在擴大，將獲利。

實踐中，利用不正常價差關係獲利除了基差套利外，還有市場間套利和商品間套利。①市場間套利。這是投資者在不同交易所同時買進和賣出相同交割月份的兩種期貨合約以賺取價差利潤的套利行為。②商品間套利。這是投資者利用不同的但具有某種相關性的期貨合約之間的不正常的價格關係，在同一交易所或不同交易所同時買進和賣出不同種類的但交割月份相同的期貨合約的套利活動。

與庫容有關的套利一般是基差套利。因為不管是商品間套利還是市場間套利，它只需要在期貨市場建立頭寸即可，並不需要在現貨市場購買或賣出商品。如果一種商品現貨市場價格過低，期貨市場價格過高。也就是基差異常，只要這種價差足夠大，可以覆蓋套利成本時，套利商就會在期貨市場做空，在現貨市場做多。套利成本中最重要的是倉儲成本和期貨、現貨兩端的資金成本。

國內上市的期貨品種，交割商品一般分成幾個等級，即通常意義上的標準品和替代品。以某品種的標準交割品來說，如果該品級商品的現貨價格過低，期貨價格過高，也就是基差異常，與庫容風險有關的大致操作方式是：當套利窗口打開時，套利者在現貨市場大量購進該品級的商品，在期貨市場建立空頭頭寸，並用所購商品製作成倉單抛到期貨市場上。大量倉單的生成，必然會占用交割倉庫的大量庫存，有可能導致庫容緊張，從而引發庫容風險。

(三) 參與套期保值的用戶增加

期貨市場建立的最初目的，就是為現貨市場上確實需要購買或銷售某種商品的生產者服務的，幫助他們規避價格風險，也就是說，期貨市場的初始和最終目的，都是服務於套期保值者。如果沒有套期保值者，期貨市場必然成為一個投機者的樂園，最後也將成為無水之源、無本之木，最終被市場拋棄。

期貨市場雖然是為套期保值者服務的，並且不限制實物交割，但是也不鼓勵實物交割。縱觀國內近幾年的實物交割率，總體上來說是比較低的，但不同品種之間還是具有自己的一些特點。

上海期貨交易所的銅、鋁是比較早上市的期貨品種，發展也比較成熟，但由於有色金屬的參與者一般需要較大的資金量，市場上套期保值業務參與的人數也較多，所以交割量也大。有些品種部分月份沒有實物交割，卻在某一月份的交割量極大。還有一些品種，成交不太活躍，交易冷清，交割量極少，但交割率卻很高，在成交量極低的情況下，相對指標自然就高。

鄭州商品交易所上市的品種以農產品為主，此類產品中的棉花、菜籽粕、白糖、強麥交易活躍，成交量也大，伴隨的交割量自然也高，但是交割率相對來說變化不大，一般都在1%以內。另一些品種如甲醇，交割量變化極大，部分年份中大部分月份沒有交割，或者是交割量極少，但卻在有些月份交割量相當大。

大連商品交易所的品種既包括農業品，也包括工業品。作為膠合板的姊妹版，纖維板的交割量極少，但交割率有時卻較高，一方面說明市場上對膠合板的交易熱情高於纖維板，另一方面也表明該產品下游的家具建材、電路板木板等需求難有大的起色，導致現貨市場價格比較低迷，期貨市場上成交量也受到影響。其他交易活躍品種如玉米、玉米澱粉、豆粕、聚乙烯、聚丙烯等產品交割率基本上都在1%以下，但不同的月份交割量波動較大。

實物交割率等於實物交割量與期貨成交量之比，雖然該指標值相對較低，但考慮到中國商品期貨成交量已躍居全球第一，所以部分品種的實物交割量絕對值並不低。實物交割量高，一方面說明機構用戶參與期貨市場的積極性較高，對期貨的關注度和認可度上升。但是，如果套期保值者通過實物交割來了結期貨合約，且交割量波動較大，則有可能因交割庫庫容不足而出現庫容風險。

(四) 交割庫佈局不合理

科學合理的交割庫網絡，有助於現貨市場上的商品方便地轉化為用於實物交割的倉單，並通過交割環節對期貨價格產生實質性的影響，促進期貨價格向

現貨價格趨合，防止期貨價格被過度投機而偏離基本面，實現期貨市場的價格發現功能。

交割庫佈局的集中或分散，對交割成本會產生實質性的影響。是否處於物流結點，出入庫和保管費用及升貼水水準，直接決定參與交割雙方的成本，影響套期保值者和期現套利者的運作效果。交割庫的佈局是否方便交割、是否運輸便利、倉儲設施條件能否保證儲存商品質量，直接影響交割量的大小。

如果交割庫分佈過於集中，一方面，會使市場在急需交割庫的時候起不到應有的作用，有可能造成交割庫資源的浪費，並損害市場的公平性，導致期貨價格的真實性和權威性受到影響。另一方面，在市場出現好的套利機會時，沒有交割庫的地區只能眼睜睜地看著好的機會流失，或者是把商品運到有交割庫的地方，導致運入地的庫容緊張。

三、預防庫容風險的案例

棕櫚油在大連商品交易所上市交易。棕櫚油和大豆油及菜籽油並稱世界三大植物油。受天氣及自然因素的影響，棕櫚樹主要生長於東南亞和非洲，目前國內棕櫚油的消費全部依賴進口。大連商品交易所根據新國標的變化，於2012年2月正式發佈了棕櫚油新的期貨交割質量標準，修改後的內容自1303合約開始執行。新的交割標準增加了部分指標，對原有的一些指標進行了調整，放寬了部分指標值如酸值，可供交割商品的範圍有所擴大。初步估算，國內符合交割標準的棕櫚油由總市場的20%提高到50%。

2012年7月，國家質檢總局下發了《關於進一步加強進口食用植物油檢驗監管的通知》，規定自2013年1月1日起，「對經檢驗不符合中國現行食品安全國家標準的進口食用植物油，一律不允許進口」。因進口食用植物油的質量問題較多，一些進口企業在第四季度突擊進口棕櫚油，使得港口的庫容非常緊張。另一方面，國內對棕櫚油的需求量也在上升。為適應現貨市場的需要，滿足期貨市場套期保值者的訴求，大連商品交易所通過實地調研，於2012年12月3日對棕櫚油的指定交割庫進行了調整。在該次調整中，共啟用和增設8家棕櫚油指定交割倉庫和廠庫，增設和調整2家備用庫。調整後，棕櫚油指定交割倉庫最低保證庫容在上次基礎上增加了71.4%，最大倉單註冊量增加了50%。具體包括：啟用備用庫江蘇省江海糧油集團有限公司為指定交割倉庫；增設東莞嘉吉糧油有限公司、廣州植之元油脂實業有限公司、嘉吉糧油（南通）有限公司、中紡油脂（天津）有限公司、中糧佳悅（天津）有限公司、中儲糧油脂（天津）有限公司等6家公司為棕櫚油指定交割倉庫，增設靖江

龍威糧油工業有限公司為棕櫚油指定交割廠庫；增設益海（泰州）糧油工業有限公司為備用庫，將中糧北海糧油工業（天津）有限公司由指定交割倉庫調整為備用庫。

此次交割庫調整，將一些暫時難以提供服務的指定交割倉庫作為備用庫，有助於消除交割庫容可能不足的隱患。交割庫庫容的擴大，有效解決了庫容有可能不足的問題，化解了潛在的風險，也提高了交割庫的抗風險能力。

第二節　交割風險

一、風險分析

市場上的交割風險，一般指投資者在期貨合約到期前沒有對沖平倉，持倉至期貨合約到期日，卻無法按照合約履行義務，即無法實現交割而造成的風險。隨著交割方式的創新，實際上交割風險還包括交割廠庫開出標準倉單後，卻無法在規定時間內提供商品給提貨者，從而不能完成合約履約義務。

在期貨市場中，結束期貨合約主要有兩種方式：①交易者在合約到期前選擇反向操作平倉；②如果沒有平倉，就只能採用實物交割方式了結合約，即多頭湊足足夠的資金，空頭準備足夠的商品進行交割。

在商品期貨市場中，實物交割的存在，確保了期貨價格真實地反應所交易商品的實際現貨價值。但在實際情況中，由於期貨交易中大量投機者的存在，出於對未來價格的預期，會出現與現貨價格相背離的行情。一般情況下，在臨近交割月的時候，隨著期貨價格向現貨價格靠近，投機者逐步退出交易，多空雙方會對價格預期的正確性做出合理判斷。如果交易者處於理性操作的情況下，對價格預期錯誤的，認賠出場或準備交割實物，市場平穩向交割過渡。但是在過度投機的氣氛下，交易者非理性操作，違背基本面的發展趨勢逆市操作，甚至憑藉資金實力，強行將期貨價格繼續推向與現貨價格相背離的方向，這時市場風險便增大。越接近交割時間，風險也越大，市場價格劇烈波動，交易者虧損劇增，當超出其承受能力時，風險便會發生。

（一）交割風險的特徵

1. 擴散性

交割風險的發生很多時候以「多逼空」或「空逼多」的形式表現出來。所謂「多逼空」，指的是期貨市場的操縱者利用資金優勢，在期貨市場大量建立多頭頭寸，拉抬期貨價格，同時大量收購和囤積可用於交割的實物。當合約

臨近交割時，空頭不得不以較高價格平倉出局，或者是以高價買入現貨進行實物交割，甚至因無法交割面臨違約罰款，多頭從中獲取暴利，它一般發生在小品種中。「空逼多」則指的是期貨操縱者利用資金或實物優勢，在期貨市場上大量賣出某種期貨合約，使其擁有的空頭頭寸大大超過多方能夠承接實物的能力，使得期貨價格急遽下跌，迫使多頭要麼以低價平倉出局，或者出於資金實力不足難以接貨，從而受到違約處罰。結果是多頭蒙受重大損失，空頭牟取暴利。

交割風險從表面上來看處於交割環節，但實際影響並不僅限於交割環節。一方面，一旦交割風險發生，不僅影響到期貨市場的正常運作，影響期貨價格的發現功能，而且也會傳遞到現貨市場。另一方面，它會造成多空中的一方獲利豐厚，另一方損失巨大，多次類似事件的發生，虧損一方必然離場，造成期貨交易的冷清，甚至該品種被炒死。由於期貨交易的槓桿性，如果虧損者的資金不全都是自有資金，有可能會引發債務連鎖反應，引起社會震盪。

2. 不確定性

期貨市場運作的複雜決定了交割風險的不確定性。期貨價格是一種預期價格，該預期價格是人們對各種因素（如：產品供求、行業前景、國際國內政治和經濟等情況）博弈的結果，難以準確估計，因此期貨價格具有較強的不確定性。期貨價格的不確定性，使得從事該交易的雙方具有極高的風險性。

期貨市場的運作過程，實際上也是市場供給與需求之間由不平衡到平衡，再由平衡到不平衡的循環往復的過程。但它與一般的商品市場還是存在著區別，運作機制更加複雜。從市場參與者來看，有機構和個人，有投機者、套期保值者、套利者，形形色色，他們在市場中的地位，對市場的瞭解和熟悉程度及要求千差萬別。從市場構成來看，有交易所、期貨經紀機構、期貨交割倉庫或廠庫、交易主體、結算機構，他們分別代表著不同的利益群體，利益訴求不同，內部的運作機制也不同。而且在期貨市場中，投機與投資是相伴而行的。投機者的大量存在雖然有利於減少期貨價格與現貨價格的偏離，有利於市場的流動性。但是，當投機行為超過正常界限，變成過度投機，則市場風險會凸現。再加上期貨交易的槓桿性，當一方損失巨大使其無法履約時，各種風險因素就會疊加，最後有可能在交割環節集中爆發。

3. 可控性

交割風險雖然不可能完全避免，但可以在事前、事中採取一些措施預防或阻止它的發生；如果仍無法避免，事後也可以採取措施，減少交割風險發生的影響和損失。

交割風險一般不是由全局性因素引起的，屬於非系統性風險。人們可以根據交割風險的性質和所產生的條件，識別出期貨業務中各種可能引起或導致交割風險發生的因素，運用現代化的技術手段，建立不同的技術參數和指標，從而為控制交割風險提供依據。同時，國內經過近三十年的期貨運作，目前已建立起了較為完善的期貨風險控制制度。它可以約束期貨參與主體行為、調節各主體之間的關係，使各參與主體的行為受到制度的約束，從而把交割風險甚至期貨市場中的其他風險都納入可控的制度保證之中。

(二) 交割風險的主要形式

1. 違約風險

交易過程中累積下來的風險，在交割時集中爆發，會造成交易者大面積違約。隨著交割期的臨近，市場基本面逐步明朗，市場形成共同認識，多空雙方一般都在清理自己手上的交易頭寸，準備進行合約的對沖或者是實物交割。但是有的交易者違背現貨價格走勢進行非理性操作，必然會遇到基本面有利一方的全力阻擊，原來準備退出交易的投機者又重返市場。多空雙方的嚴重對峙局面，如延續到交割時期，交割違約的可能性就會大大增加，使逐步累積起來的市場風險在交割中集中爆發。

國內歷史上發生的多次交割事件，都有多頭主力不顧基本面，拼命拉抬價格，當期貨價格被拉至嚴重脫離現貨價格時，誘使現貨商入場大量拋售。這時，多頭將會面臨十分艱難的選擇，如果履約，在高價位接受大量實盤，轉為現貨銷售，將巨額虧損；如果違約，將被課以高額處罰金。而空頭在多頭違約的情況下，雖然可以收到違約金，但他們在倉促間以高價徵集的商品再銷售出去，也會面臨較大的虧損。

除多空雙方不能按照合約要求，一方提供實物，另一方支付貨款發生違約外，交割廠庫在實物交割過程中也可能發生違約風險。在中國現行的交割制度下，交割廠庫實際上集產品生產和儲存功能於一身。廠家用未來的加工量保證期貨合約的實現，它一方面解決了庫容不足和商品的保鮮等問題，但另一方面，也引起了一些新的問題，並對期貨市場的運行產生了一些新的影響。在廠庫交割制度下，交割廠庫開出的倉單，本質上是一種信用倉單，在現有規則允許的條件下，某些潛在的期貨市場操縱者有可能利用信用，虛增短期供給，影響市場行情，獲取不正當的收益。如果僅採用單一的廠庫交割，市場上生產該產品的企業較少，廠家控制著可交割貨源，因而對期貨交割有決定性影響。在市場行情有利的情況下，廠家不顧自己的生產能力開具倉單，有可能無法在規定日期內提供足夠的貨物來完成交割。一旦市場行情轉向且急遽變化，交割廠

庫則會以各種理由拖延發貨或拒絕發貨。

實際上，違約風險在很大程度上就是一種信用風險。這種信用風險與銀行貸款等金融工具的信用風險存在著很大的區別。在貸款業務中，當借方出現財務危機無法償還貸款時，貸方就會出現損失。但在期貨交易中，當交易的一方出現財務危機而無法履約時，無法履約的一方會出現巨大虧損，但另一方的價值卻是大於零的，即合約的價值為正。

2. 市場風險

市場中對交割風險的預期，反過來會對交易施加巨大影響，引發市場劇烈震盪。期貨交易一般不以實物交割為目的，所以，臨近交割月時，期貨價格與現貨價格的接近程度，與實物交割量為反相關關係。在期貨價格嚴重背離現貨價格的條件下，對實物交割量以及交割違約可能性的預期，都會引發交易價格的大幅震盪。隨著交割期的臨近，這種震盪將越來越劇烈，市場風險隨之增加。在期貨市場建立初期，國內歷史上曾發生過多次臨近交割月時，期貨價格遠遠高於現貨價格的情況，誘使現貨商開始入市，最後造成市場劇烈震盪。如廣東聯合期貨交易所上市的9511秈米合約，在臨近交割月時，因多頭拉抬價格，致使期貨價格高於現貨價格在800元/噸以上，現貨商開始入市，大量抛售實盤。在交割月前一個月，已註冊入倉等待交割的秈米達到13萬噸，同時還有大量商品正在往倉庫搶運。市場預測9511合約能夠交割的秈米將達到30萬噸，多頭能夠履約的可能性極小。所以，當多頭孤注一擲的拉抬價格時，空頭資金源源不斷地湧進，使得當時成交極為活躍，價格大幅震盪。但由於空頭抛壓過大，最終多頭全線潰敗，最後一發不可收拾，雖經交易所調解，對大部分合約協議對沖平倉，價格仍然連續出現七個跌停板，直至迴歸現貨價格後才平穩下來。多頭會員虧損嚴重，甚至全部保證金虧完後仍無法全部對沖，也給交易所和市場帶來了巨大的風險。

3. 交易制度不完善而隱含的交割風險

這一點在期貨市場建立的初期至20世紀90年代末，表現得較為突出。21世紀初的最初幾年，國內商品期貨市場發生過幾次交割風險事件，但現在已極少發生，這當然與嚴密的期貨交易制度密不可分。

根據一般的交易制度，在最後交易日前的交易，交易雙方都需要交付保證金，該比例值目前在20%左右；20世紀90年代，該值基本上在5%~20%。在期貨市場建立之初，這種規定，在理性操作的市場上，可以起到防範風險的作用。但在非理性操作的情況下，加之其他配套制度無法跟上，當發生「逼倉」時，則顯得力度不夠。從理論上來說，「逼倉」的交易者只要盈利率超過

20%，就敢於冒交割違約的風險。實踐中發現，一些冒險的投機者企圖使用這種手段「逼倉」，即使失敗，履約方獲得的違約金補償，很多時候也不能完全彌補被「逼倉」的損失。尤其是經紀公司，當委託客戶在最後交易日結束後，不願履約或不能履約時，將承擔違約責任。如果經紀公司也無力承擔，風險將轉嫁到交易所身上。

二、交割風險發生的原因

1. 大戶操縱

期貨市場是套期保值者和投機者並存的市場。交易者對市場供求關係和價格走勢做出判斷並投入資金，套期保值者將期貨與現貨結合起來運作，以便鎖定成本和利潤。投機者如果預測正確，將會得到利潤；如果預測錯誤，將會損失掉資金。但有的資金大戶，不是從市場基本面角度出發進行分析，而是憑藉資金實力操縱市場價格。在市場中投入的資本越多，對獲利的期望值也就越高，一旦市場發生逆轉，損失必然慘重。如果他們不願認賠出場，就會憑藉資金優勢拉抬或打壓價格。這種過度投機的行為，給市場帶來巨大的風險。

期貨市場並不排斥大戶的介入，相反，大戶的存在在正常的情況下，會對市場起到潤滑和穩定的作用，增加交易的活躍度，提高市場的流動性。特別是一些參與套期保值的大戶，對實物交割抱積極的態度，可以有效防止「單邊市」，有利於市場的穩定。但如果大戶的交易目的是操縱市場，主宰價格的走勢，則必然會引發巨大的風險。

從近百年來國內國外發生的重大期貨風險案件來看，無一例外都是大戶操縱市場帶來的結果。當大戶憑藉資金優勢操縱價格，或在交易環節進行單向操作，必然使價格扭曲。當他們獲利出逃後，隨著價格的理性迴歸，市場中必有一大波交易者發生巨大虧損，從而釀成巨大風險。或者，大戶在交割環節壟斷倉單或把持貨源，人為地造成供求不平衡的假象，最終以價格扭曲釀成風險事件而告終。

2. 定點交割庫的管理未充分就位

交易所選定的定點倉庫，是目前國內具備良好倉儲條件，有較高管理水準的倉庫。這些倉庫雖有著十分豐富的現貨商品儲存經驗，但不一定熟悉期貨商品的儲存保管以及交割制度，如果相應的管理措施沒有到位，對期貨商品的管理意識不足，仍然有可能導致交割風險發生。

定點倉庫對期貨交割需承擔一定的責任和義務，但期貨行業是一個高風險的行業，如果倉庫沒有建立起相應的風險防範意識，對保管不善可能引起的期

貨違約責任沒有充分的認識，心理和財力準備不足，一旦定點倉庫在入庫檢驗和開具倉單上把管不嚴，產品保管不善或其他原因引起交割違約，就有可能會引起連鎖反應。

定點倉庫的選擇標準是預防交割風險的重要環節，除此之外，在以後的具體交割業務中，規範交割流程，履約出現差異時，按照合同和規則進行處理，加強日常業務的指導和管理，將風險誘發的因素控制在萌芽階段。對定點廠庫來說，最核心的應當是倉單開具環節，以及發貨速度的把控。當定點廠庫希望多開倉單以增加銷售收入，而交易所對廠庫倉單額度不加以控制時，交割風險發生的概率會大幅度增加。

3. 交易所管理不規範

一家倉儲企業或生產廠商，能否成為實物交割的指定交割庫，最終是由交易所決定的。交割品質量標準、倉單生成流程、貨款交收付、費用大小等與交割有關的條款，也都是交易所制定的。事實上，在減少交割風險的發生上，交易所起著至關重要的作用。

中國期貨市場成立的最初十年，這期間發生的大大小小的交割風險事件，交易所作為一線監管者，都有無法推卸的責任。20世紀90年代初中期，國家監管部門幾次對期貨市場進行整頓，關掉了部分品種，禁止國有企業資金參與期貨交易。但是，風險事件出現的頻率並沒有降低。人們在困惑之餘，才在更深層次上發現，恰恰是部分交易所自身管理不規範和存在問題（如，為了提高期貨交易量，達到多收手續費、多贏利的目的，對逼倉採取默認態度），最終導致風險升級。

1998年，中國證監會最終決定保留三家商品期貨交易所，明確提出保留下來的交易所要完成以下幾個轉變：從不規範的交易所向規範的交易所轉變，從人治的交易所向法治的交易所轉變，從營利性交易所向公益性交易所轉變。隨著國內期貨交易所的逐漸規範，交割風險事件已很少發生。

三、交割風險的預防措施

1. 制定嚴密制度釋放臨近交割月的風險

為避免大戶操縱給市場帶來危害，減少可能發生的交割風險，根據市場情況，交易所可以有針對性地對不同月份的保證金進行調整。合約進入交割月份，不管是否進行實物交割，為了防止交割的違約風險，交易所可適當上調保證金比例，以使那些資金壓力較大的投機者離開市場。臨近交割月時，對合約持倉額的控制可採取逐步遞減的方法；進入交割月時，則禁止個人帳戶和機構

投機帳戶新開倉。在最後交易日，除套期保值帳戶外，交易所對尚未平倉的其他帳戶按照規定統一代為平倉。

對需要進行實物交割的投資者來說，賣方需要交付交割保證金，買方則需要支付交割預付款。收取交割保證金和交割預付款有幾個好處。①可以保證實物交割的履約。實物交割是期貨交易的延續，是連接期貨市場和現貨市場的橋樑和紐帶，也是兩個市場風險的交匯處。上述費用的收取，可以有效防止買賣雙方不履約合約，是控制期貨交割風險的重要組成部分。②起到控制實物交割風險的作用。交割保證金或交割預付款的支付，必然會佔用交易者的一部分資金，對成本與收益綜合權衡後，如果這部分資金用作投機利潤更可取，或者轉而去現貨市場購買或銷售對自己更有利，則雙方會採取平倉以了結合約，從而減少交割風險。③可以有效防止逼倉。當空頭逼倉者因無法組織足夠符合要求的貨源時，則必然面臨交割保證金不能悉數退回的處罰；多頭逼倉者也要面臨風險，即在貨款已提前支付的情況下，貿然接貨後的商品處理問題。因此，該舉措可有效地把逼倉者的資金控制起來，既防範了交割風險，也抑制了逼倉的勢頭。

2. 確保倉單註冊註銷渠道暢通

能夠成為期貨品種的產品，一般生產和消費量較大，產品的質量、等級和規格易於劃分，生產時間和空間相對集中，但消費上相對分散，易於儲存和便於運輸。當然，隨著科學技術的進步和保鮮技術的發展，以及交割方式的創新，按照以往經驗不適宜作期貨品種的商品也進入了期貨交易品之列，如雞蛋、玻璃等。目前，同一個品種，國內規定只能在一家交易所上市，突破了早期相同品種在不同交易所上市，倉單不能流通的局限。目前，隨著交易所對交割商品入庫、出庫、質量檢驗等流程的規範，除極個別品種外，標準倉單不僅實現了異地提貨，也可以轉讓、沖抵和質押。

倉單註冊和註銷渠道的暢通，不僅對預防交割風險有一定的作用，而且對發揮期貨市場的價格發現功能也有一定的益處。這是因為，熟悉現貨市場，又熟悉期貨市場的套利者的參與，起到了溝通商品期貨價格和現貨價格的橋樑作用。當期貨價格高於現貨價格時，這些交易者會買進現貨註冊成倉單，然後在期貨市場拋售以賺取差價；當期貨價格低於現貨價格時，他們會以低價在期貨市場接倉單，然後再在現貨市場高價賣出獲取利潤。上述操作，如果沒有較為規範的倉單註冊和註銷渠道，當交易者被分配到不理想的交割倉庫接貨時，因為倉單不能轉讓和流通，就會使得接到貨物的一方在短期內很難找到合適的地方儲存商品。而註冊倉單的一方因無法預料在何處入庫，已組織好的貨物很可

能要經過再次運輸才能入庫,增加了交割成本。

3. 加強定點交割庫的管理

定點交割庫是期貨交割最重要的一環,承擔了商品交割的實質性工作。對定點倉庫的管理,直接關係到交割能否順利進行,定點倉庫是防範交割風險的第一道「堤壩」。這就要求做到以下幾點:

第一,交易所在交割庫的資質審核中嚴格把關。期貨交易所是一個全國性的市場,為方便全國各地會員的交割,交易所應根據不同期貨品種的生產、流通、消費特點,在該產品的產區、銷區、中轉區或集散地根據需要設立交割庫。交割庫除了必須具備的倉儲條件或生產加工能力外,管理制度是否完善,地理位置是否優越,是否具有抗風險能力和財力擔保等都是需要考慮的因素。

第二,將定點交割庫納入交易所的管理規範中。要加強對定點交割庫負責人和業務人員的培訓,讓他們瞭解和熟悉期貨基本知識,明確定點交割庫的權利和責任,提高防範風險的意識。還可以定期或不定期地召開一些有關期貨交割的專題交流會或工作會議,組織全國各定點交割庫的同行學習和交流,取長補短,不斷改進工作。除此以外,還需要有嚴格的考核標準和一定的獎懲制度。在每年的考核中,對出色完成任務、服務良好的交割機構給予一定的獎勵。而對在交割工作中敷衍了事、變相阻止交割的機構給予處罰,甚至取消交割資格。

第三,核定定點交割庫的庫容或日發貨速度。①庫容主要針對交割倉庫,指的是交易所與交割倉庫簽訂的保證期貨合約履行的最低交割容量。實際中,交割倉庫實際存放的貨物可能會超過交易所與交割倉庫協商的庫容。定點倉庫必須且正式向交易所申請,做出承諾,隨時做好商品存放的準備。交易所根據申請,實地調研後,在充分留有餘地的基礎上,核定該品種的總庫容,以及每一定點交割倉庫的庫容,並且公示。交割庫容會根據市場情況適時調整。②日發貨速度主要針對交割廠庫,是指交易所與定點交割廠庫簽訂的為保證期貨合約履行,廠庫每日的最低發貨數量。一旦指定交割廠商沒有按規定的最低速度發貨,即使在規定期內把貨物交付給對方,也需要承擔相應責任。

4. 交易所做好交割中的服務工作

交割中的各項規則和條款主要由交易所負責制定,這就要求交易所完善期貨合約設計,嚴格規定交割各環節的行為準則,盡量減少其間的人為判定因素,並建立申訴舉報制度。任何一個行為主體在交割環節中遇到問題或發生糾紛,都能有方便的渠道申訴。另外,為方便會員進行交割和做出決策,交易所應當做到信息公開化;對與交割有關的信息,會員應當能夠通過合適的渠道

知曉。

四、交割風險案例

紅小豆是一種具有高蛋白、低脂肪、多營養的雜糧，世界種植面積比較小。中國是世界上紅小豆種植面積最大、產量最大的國家，年產量為30萬～40萬噸，且大部分用於出口。

1994年9月，天津聯合交易所推出天津紅期貨品種，交易標的物為可在東京穀物交易所替代交割的天津紅小豆。另外，寶清紅和唐山紅優質紅小豆可貼水交割，1994年11月又規定普通紅小豆亦可貼水交割。

逼倉事件發生於507合約上，天津紅上市後不久，現貨市場低迷，所以期貨價格也一路下跌。在價格下跌到3,800元/噸附近時，多頭策劃了一輪逼倉行情，一方面在現貨市場上大量收購現貨，另一方面在期貨上低位大量買入，逐步抬高期貨價格。507合約價格暴漲發生在1995年6月初，價格一度漲至5,151元/噸。該月6、7、8日，交易所連續發文提高保證金以抑制過度投機，但仍然難以控制局面，最後只有通過終端停機和停市方式要求雙方平倉來解決問題。

在天津紅期貨風險事件還沒有完全消退時，又發生了蘇州紅小豆風險事件。

蘇州商品交易所於1995年6月1日正式推出紅小豆期貨合約的交易，其交易標的物為二等紅小豆，並且規定1994年產紅小豆只能在1995年交割，1996年交割的必須是1995年產的紅小豆，也就是當年交割的只能是上一年的產品。

由於紅小豆現貨市場低迷，蘇州紅1995年系列合約一上市就面臨巨大實盤壓力，倉庫庫存一直持續增加，致使期貨價格連創新低，9511合約曾創下1,640元/噸的低價。期價的偏低和1995年紅小豆減產等利多消息促使很多資金入市抄底，隨著1996年諸合約的陸續上市，多頭主力利用交易所交割條款的缺陷和持倉頭寸的限制，利用利多消息的支持，蓄意在1996年系列合約上逼空。9602合約期價於10月中旬以3,380元/噸啟動後，當年11月9日價格漲至4,155元/噸的高位，隨後回落整理，進入12月再次暴漲。12月15日，蘇交所通知嚴禁陳豆、新豆摻雜交割，19日公布庫存只有5,450噸。多頭借機瘋狂炒作，在近一個月的時間裡期貨價格從3,690元/噸漲至5,325元/噸。空頭主力損失慘重，同時拉爆了很多套期保值者。

1996年1月8日，中國證監會認為蘇州紅小豆合約和交易規則不完善，要

求各持倉合約頭寸減倉和不得開出 9608 以後的遠期合約。1996 年 1 月 9 日、10 日，蘇州紅小豆開盤不久即告跌停，使在高位建倉的多頭頭寸面臨爆倉和巨大虧損的風險。之後，蘇交所推出一系列強制平倉的措施，期價大幅回調。1996 年 3 月 8 日，證監會發布通知停止蘇交所紅小豆期貨合約交易。

蘇州紅小豆事件發生後，原來囤積在蘇交所交割倉庫的紅小豆源源不斷地湧入天津市場。天聯所為防範風險，規定最大交割量為 6 萬噸。多頭遂集中資金優勢，統一調配，通過分倉以對敲、移倉、超量持倉等手段操縱市場，使得 1996 年各合約呈連續的多逼空態勢，最終釀成了 9609 事件。

紅小豆事件發生的原因較多，在蘇州紅小豆事件中，顯然與多頭利用了交割標準品的質量標準過低，且交割倉庫庫容有限這一制度漏洞有極大關係。而天津紅小豆期貨合約的交易標的物為符合日本東京穀物交易所替代要求的優質的天津紅小豆，因此標準過高。由於天津紅年產量也才 6 萬噸左右，其價格很難反應整個市場的紅小豆的供需關係，特別是普通紅小豆的供求關係。另外，風險事件的發生與交易所對交割品的規定變動過於頻繁也有關係。

第三節　操作風險

一、風險分析

操作風險是指由於不完善或有問題的內部程序、人員及系統，或者外部事件給期貨交割所造成的風險。操作風險通常是可控的，是同經營業務有關的風險。對主要從事商品儲存業務的實物交割機構來說，既有來自內部的操作風險，也有來自外部的操作風險。具體表現為：期貨交割倉庫或廠庫工作人員在辦理業務過程中有意或無意的出錯導致的損失；交易所的交易制度及交割庫的內部控制制度不健全，導致內部人員利用漏洞進行詐欺；電子信息系統發生故障造成的損失；自然災害導致庫房或廠房不能正常使用，或者是操作系統發生技術性故障；等等。

巴塞爾委員會將操作風險分成七類：內部詐欺風險、外部詐欺、雇用合同和工作狀況引起的風險事件、客戶和產品及商業活動引起的風險事件、有形資產的損失、系統在業務過程中出現差錯的風險、在交易中執行或交割過程中出現錯誤引起的風險。

操作風險可以存在於交割倉庫或交割廠庫經營管理中的任何一個環節，幾乎覆蓋整個具體交割業務活動中，包括損失較小的業務流程小差錯，以及嚴重

的內外部詐欺事件導致的期貨市場的劇烈波動。一般來講，風險與收益是成正比的，當企業承擔較大的風險時，必然要獲得較大的收益作為回報。但操作風險本身並不創造價值，所以降低操作風險對從事交割業務的倉儲企業或生產廠商來說，可以有效地降低成本和減少損失，而且需要前後業務部門的協作和配合。

(一) 操作風險的特徵

1. 廣泛性

操作風險可以說無處不在，它廣泛存在於人類的一切活動之中，表現形式有人為的，或者是自然因素所造成的干擾。作為實物交割的實際承擔者，操作風險可以存在於從交割倉庫接到交割預報單開始，直至商品出庫過程中的任何一個環節。或者是期貨的空頭準備把貨款支付給交割廠庫開始，直至期貨的配對買方提貨後為止的環節。

操作風險的發生，可以是員工蓄意的，或者是疏忽因素引起，從而導致正常的交割業務辦理被中斷。當然，也可以是員工的不正當行為，或者是為獲取其他收益，而引起的重大損失或危機。甚至可能是交割倉庫或廠庫的內部人員相互勾結，或者內部人員與外部機構相互勾結以牟取暴利，等等。操作風險大部分比較隱蔽，基本上是由失誤、疏忽、控制失效所引起的，如果沒有引起較為嚴重的結果，可能一時難以發現或引起重視。

2. 長久性

從人類社會出現以來，操作風險就始終存在。無論過去、現在、未來，人類面臨的首要風險就是實物損失的風險。從人類出現以來，就會面臨諸如運輸、戰爭等帶來損失的風險。隨著社會的發展和技術的進步，近年來操作風險已經有所變化，現代社會的操作風險已趨向於由人性或人類對科技的依賴而引起。

3. 與人類活動的高度相關性

從期貨市場建立的那一天起，只要有真實的貨物交收，貨物的存放由交易所以外的第三方機構存取和保管，操作風險就始終會存在，但不同時期的表現可能不一樣。中國早期的期貨市場，多處於制度不健全的環境下，交割倉庫在辦理實物交割過程中，人為的影響因素較多，交割糾紛集中於質量問題，且主觀因素引起的占多數，從本質上來說，這還是管理問題。隨著期貨市場的逐步規範，交易所對交割庫監管的加強，操作風險已發生了很大的變化，但由於人性的弱點和人員失誤，操作風險不可能消除。

（二）操作風險的主要表現

1. 違規風險

這是交割庫的工作人員違反交割的既定操作程序，從而無法正常履約而釀成的風險。作為規範化的市場組織，交易所為了保證交易交割的公開、公平、公正，對交割程序做出了嚴格的規定，如註冊交割庫的設定與公布、出入庫流程、商品質量及等級標準、檢驗機構和流程、標準倉單的開具、交割時間和方式的設定等、交割費用的具體內容，違反上述任何規定，都有可能構成交割違約。

如果交割倉庫為牟取不正常利益，不是將交割商品放進指定的註冊倉庫內，而是在未經交易所批准的情況下，將其放在與註冊倉庫聯營或租用的其他庫區，因此無法開具有效的標準倉單進行交割。期貨空頭按照流程，組織交割商品入庫時，交割倉庫故意拖延或找各種借口阻止商品正常入庫，而導致無法註冊倉單。或者是商品已按要求入庫，但交割倉庫沒有按規定提交註冊倉單申請，使期貨空方無法正常履行交割。

如果交割廠庫能夠對交割貨源進行控制，在交割設點過少的情況及利益驅使下，有可能會故意拖延發貨，在出庫裝卸時間和裝卸能力上使絆，妨礙正常交割的履行。雖然交易所對交割質量的標準有嚴格規定，廠庫也需要保證出庫商品的質量完全符合交易所的規定，但廠庫在對商品質量的熟悉程度上更占優勢，雖不至於以次充好，但在標準上稍微降低也不是沒有可能。貨主提貨時其實是無法發現的，即使發現，也可能檢測不出來，從而造成實際損失。

2. 保管風險

保管風險一般指交割商品在保管期內發生質量變化而無法正常交割所造成的風險。保管風險始終會存在，但不同的交割方式，在發生保管事件時，在責任的認定和衡量上，簡單程度是不一樣的。倉庫倉單中的交割雙方，對責任的劃分可能會存在一些爭議。

使用廠庫倉單交割時，在商品出庫以前，產品的生產與保管全部由該交割廠庫完成，如果因保管原因造成變質，當質量達不到交易所的出庫標準，貨主是可以拒絕收貨的，並要求廠家承擔責任。所以保管責任的衡量比較簡單，責任劃分比較清楚。

使用倉庫倉單交割方式時，交易所規定，註冊倉庫在開具標準倉單至標準倉單有效期內，由註冊倉庫負責交割商品的質量保管，並承擔相應的責任。如果在保管期內，交割商品發生質量變化，導致商品無法進入交割，註冊倉庫所承受的風險大大超出同等情況下現貨商品的風險，對引起質量變異的原因到底

是倉庫保管不善，還是其他因素會有爭議，有可能引發嚴重的經濟糾紛。如果質量變化發生在商品交割前，貨主可能會對註冊倉庫追索的經濟損失包括：商品價值的損失，對沖平倉的損失，以及可能發生的違約損失。如果質量變化發生在商品交割後，接貨方可能會對註冊倉庫追索的經濟損失包括：商品價值的損失以及可能發生的違約損失。

3. 詐欺風險

比較常見的詐欺風險，一般是交割庫內部工作人員故意違規，規避交易所的監管及所在公司政策，虛開倉單，以期獲取不正常收益。發生詐欺，一般需要具備三個因素即動機、機會和借口。動機是人們進行詐欺的原因。許多進行詐欺的動機，都與貪婪或者自利有關，如虛開倉單以期獲得資金用於期貨投機等。機會則是允許詐欺發生的有利條件。機會的大小與該員工在公司中的地位高低有關，在一家內部控制不健全的企業裡，會給有職務之便的員工產生更多的詐欺機會。如果一個企業分工明確，內部控制制度較為完善且執行得力，會明顯減少詐欺的機會。借口是詐欺者對自己的違規行為進行合理化而進行的解釋。當與動機與機會結合時，詐欺者將確信自己的行為不是壞事和錯事。他們會為自己的行為尋找借口，認為自己只是臨時或偶爾這麼幹，比如說只是暫時借用資金，或不得不為之且下次絕不再做，等等。詐欺行為發生的初期，一般不易察覺，等到發生時，基本上已經造成了比較大的損失。

4. 自然災害引起的風險

這是自然現象、物理現象所形成的風險，大的自然災害如地震、水災、火災，小的物理現象如偶爾停電等都會給交割庫帶來不利的影響。自然災害具有不確定性，但有一定的規律和週期性，發生後影響的範圍較廣，引起的損失也具有不確定性。這裡所說的自然因素引起的風險，指的都是可控的風險。如果一家交割庫所建之地，發生了地震，以至於廠房倒塌，財產全部受損，上述風險，從事實物交割的倉儲企業或廠庫是沒有辦法控制的，所以它不屬於本處所指的操作風險範圍。當該企業所在之地發生了水災，但企業可以組織員工把產品移到安全的地方，從而不會造成損失或可以減少損失，則它屬於操作風險。或者當企業突然停電，但儲存的產品對溫度條件要求較高，但企業可以迅速用備用設備發電，則也屬於操作風險的範圍。也就是說，衡量自然災害引起的風險屬不屬於本處所指的風險，關鍵是看當前的企業能不能採取有效措施加以預防和控制，如能夠加以預防和控制則屬於操作風險，否則，就不屬於

二、操作風險發生原因

1. 內部控制不健全

內部控制是由企業董事會、管理層和其他員工為企業目標的實現提供合理保證而實施的程序。內部控制的目標是經營的有效性，以及效率、財務報告的可靠性和遵循法律法規。內部控制實際上是一個過程，該過程會受到企業全體員工的影響。

在企業內部，為了保證目標的實現，減少各類風險發生的概率，應使多個平等的權利義務主體之間相互制約、相互平衡、相互控制，形成制衡。必須形成「不同的人做不同的事」，或者「一個部門或一個人不能完成業務活動的全過程」的內控機制。如果一個企業的權力過分集中，崗位之間沒有明確的分工，或雖有分工，卻並沒有按規定執行，崗位與崗位之間責任區分不明確，即使發生問題，問題也很難在早期被發現。

如果一個人身兼數職，部分關鍵崗位沒有實行前後分離，不同工作之間沒有相互制衡和相互協作，存在管理漏洞，無疑會給部分不法分子帶來便利。具體到企業的交割業務，商品入庫、驗收、倉單申報、商品出庫、資金收付、發票開具等，都需要一整套規章制度以及相應的監督機制。任何一個環節出現問題，或制度不完善和監管不力，都可能出問題，以至於小問題變成大問題。

2. 對業務流程不熟悉

這一點在新設交割庫，或交割庫雖已設立一段時間，但剛接手期貨交割業務不久的員工身上可能表現尤甚。具體到每一筆交割業務的辦理，會涉及幾個不同主體，如交易所、期貨多方和空方、質檢機構、交割倉庫或廠庫、交易所會員等。當然，交割中最核心的是標準倉單的開具，期貨標準倉單一般通過電子申報系統完成，而且對交割業務資格都有明確要求。在交割業務流程中，又有第一、二、三、四、五交割日等（三大交易所具體規定有所不同），每一交割日辦理業務又有嚴格規定。對業務流程和規則的不熟悉，可能會影響到具體所辦理業務的進程和質量，甚至出現差錯引起糾紛等。

3. 現貨市場行為方式的影響，為期貨交割製造一些困難

不管是交割倉庫，還是交割廠庫，都是從現貨行業中挑選出來的，期貨交割業務只是其日常業務的一部分。他們在辦理業務時，尤其是剛開始辦理交割業務，現貨市場的行為方式，或多或少會對其產生一些影響。

現貨市場一般以《中華人民共和國合同法》為依據，交易的標的物以經濟合同隨機做出確認，履約時標的物若出現差異主要通過合同簽訂者之間協商

解決，如協商不成，可以採用調解、仲裁、訴訟等方式解決。由於期貨交割與現貨市場的密切聯繫，很容易受到現貨交易行為方式的深刻影響。

按照現貨市場的操作方式，貨品入庫時庫房有時憑經驗辦事，而不是按照交易所制定的規則辦理。現貨商品質量的檢驗，尤其是農產品離不開感觀指標，如眼看、手摸、口嘗，雖然期貨商品的質量也需要感觀指標的參與，但更需要憑質量檢驗單核對每一項檢驗指標。

現貨的提貨憑證一般長期有效，隨貨的質檢單可以長期使用。期貨交割中標準倉單及質檢單有時效規定，倉庫交割人員在辦理中對其不理解或採取忽視的態度，容易引起期貨中的糾紛。

交割庫的工作人員，如果對交割業務不太理解的話，對交割商品可能會隨意存放，如不放進指定的註冊庫庫區，或者是存入聯營庫或租用庫。在倉單的入庫驗收和開具上，不完全按交易所制定的規則行事。

4. 自然因素

自然因素主要是氣候條件、地理變化和自然災害等，這些因素會對某一區域內的所有個體和設施產生影響，但影響程度會有明顯區別。頻繁發生的自然災害會對交割機構的儲存條件、運輸設施、危險來臨時的處理能力等提出更高的要求。

三、操作風險的預防措施

1. 合理選擇和管理指定交割庫

交割是商品期貨交易中極為重要的一個環節，如果沒有交割，期貨市場將成為投機者的樂園，最終，這個市場也會在投機中迅速衰落。交割的順利進行，有賴於合理選擇交割倉庫和廠庫及對他們的有效管理。雖然實物交割量在期貨總成交量中占比極低，國際成熟市場和國內期貨市場實物交割率一般都小於5%，但正是實物交割起著連接期貨市場和現貨市場的橋樑作用。如果疏忽了交割庫的選擇和管理，將可能導致整個市場秩序混亂。比如20世紀90年代中期，長春聯合商品交易所對交割倉庫監管不力，致其虛開大量倉單並進行抵押和提貨，在市場中造成了極為惡劣的影響。

為使期貨市場公開、公平和公正，有效發揮期貨市場的價格發現功能，滿足套期保值者的避險要求，合理設置一定數量的交割庫是必不可少的。交割庫的合理佈局，可以使投資者根據市場的變化情況，自由地決定是否進行實物交割，實物交割的數量是多少。期貨交易所有責任和義務保障投資者的合理決策，是決定平倉出局還是以交接貨物了結合約。如果期貨市場沒有實物交割這

一形式，期貨價格往往被人為拉高或打壓，嚴重背離現貨價格，期貨市場要發揮套期保值這一功能就會成為紙上談兵。當市場預期交割困難時，多逼空最容易形成。雖然交割困難的發生，有可能是現貨市場供應緊張所致，但也不排除交割庫佈局不合理，交割庫管理存在問題，以致交割困難。

　　交易所與交割庫的關係，並不是上下級的領導與被領導關係，而是一種契約關係。因此，交易所與交割庫之間應通過合同協議形式，明確雙方的法律責任，交割倉庫或廠庫應按照協議約定開具和註銷倉單，辦理交割業務。交割庫對自己的過錯，應獨立承擔法律責任，因質量問題或保管不善造成的損失，倉庫或廠庫應承擔直接責任，對過錯責任承擔不了的，由交易所承擔連帶責任。這樣，交易所對交割行為的管理以合同的形式委託給倉庫或廠庫，避免了交易所對其管理因空間距離過遠而產生的管理不便和服務不周的弊端。

　　2. 加強內部機制控制

　　期貨合約是標準化的合約，雖然交易所制定了嚴密的交割制度，但制度實施的效果仍然有賴於各定點交割庫的支持和協作。對具體辦理業務的交割倉庫或交割廠庫來說，制定操作風險政策的責任屬於企業的高級管理人員，為避免利益衝突，達到適度的權力制衡，在企業內部，制定政策、採取行動、控制風險的責任不會由一個部門全部完成。

　　定點交割倉庫均來自現有的那些具備嚴格、完善的商品出入庫、儲存、管理、檢化驗等制度的倉儲企業，或者是具有嚴格的生產、檢驗、貨物出廠等方面管理規章制度的生產企業。除此以外，定點交割庫還需要按照交易所的要求，制定完善的倉單管理業務，規範發票的開具和材料報送及信息的公布，並為期貨交割商品單獨設帳管理。

　　當制度和規章制度制定好以後，就需要建立系統的責任體系，明確各層次、各部門的職責，落實定人定崗定責的責任體系，並在內部形成相互制衡的機制。建立健全內部操作風險管理領導及評價機制，強化全員履職，規範操作，防範風險職責。

　　3. 加強交割庫相關人員培訓，建立適當的激勵機制

　　建立在現貨市場基礎上的期貨市場，由於現貨市場的非標準化和不規範，在納入期貨市場的標準化和規範化的過程中，兩者很容易產生摩擦和碰撞。主要表現在：標準化合約的標的物，需要從非標準化的現貨商品中採集，容易模糊對標準合約的界定，尤其在農副產品合約中更是如此；非規範化的現貨交易行為，每時每刻會對規範化的期貨交易交割行為製造問題和麻煩；定點交割庫習慣於現貨商品的管理，對期貨交割商品的管理也許不十分熟悉，對期貨交易

的違規行為，容易疏忽。因此，當一家現貨廠商或現貨倉儲機構被批准為註冊交割庫時，首先需對相關業務和管理人員進行培訓，讓他們熟悉和瞭解期貨知識、業務及規則。除此以外，還需定期或不定期地組織業務知識培訓，提高他們的業務能力和水準。

科學的考核和激勵制度，可以有效提高員工的積極性。這不僅需要期貨交易所制定切實可行的考核和評審各定點交割庫的制度，鼓勵各註冊交割庫按質按量完成業務；也需要各註冊交割庫內部建立適當的激勵機制和績效考核體系。考核過程中與員工適時溝通，增強員工對績效考核體系的理解與認同，並對考評結果進行跟蹤，通過多種方式認真聽取被考核者的反饋意見，以便完善考核體系，提高員工的參與感和責任感。

4. 通過保險等方法，減少自然災害帶來的影響

交割倉庫或廠庫不可能消除自然災害，但可以採取預防措施，減少該類風險的影響。比較常見的方法是購買保險。保險是通過大數定理來設計的，當所承保的產品發生損失時可以獲得賠償，從而減少損失。根據不同保險方法的成本和價格，管理者可以理性地選擇最有效消除風險的方法。另外，交割庫也應提高基礎設施水準，防患於未然，提高硬件和軟件能力，以應對外部災害等因素對企業的影響。

四、案例

1994年10月，經國務院同意，中國證監會發文擬保留15家試點期貨交易所，長春聯合商品交易所就是其中之一。

吉林洮南國家糧食儲備庫是長春聯合商品交易所的定點交割倉庫。1995年5月，泰利公司由於在期貨交易中沒有交割能力，通過介紹找到洮南國家糧食儲備庫，要求借用玉米倉單，雙方議定每噸玉米支付20元的手續費後，洮南糧庫在沒有足夠的庫存玉米的情況下為泰利公司開具了共計3.2萬噸玉米倉單。進入交割時，由於交易所規定每個會員淨持倉量為1萬噸，故泰利公司將3.2萬噸倉單進行分倉，實際交割22,520噸，剩餘的9,480噸玉米倉單，泰利公司退給了洮南國家糧食儲備庫。

另外，根據中國證券監督管理委員會查證，洮南國家糧食儲備庫在1995年4月至7月，與交易所部分會員單位私下簽訂協議，開具並出借了超過其實際儲量8萬餘噸的玉米標準倉單，從中牟利。部分會員為了操縱市場、牟取暴利，利用空頭倉單進行抵押和實物交割。長春聯合商品交易所未對倉單的真實性和有效性進行認真驗證，就批准六萬噸空頭倉單作為交易保證金抵押。大量

空頭倉單流入市場，致使市場秩序受到嚴重干擾，並在交割時因無法提取現貨，引發了重大經濟糾紛，造成惡劣的社會影響。為此該委員會責令長春聯合商品交易所停業整頓並取消洮南國家糧食儲備庫的定點交割倉庫資格。

第四節　期貨交易風險管理制度分析

期貨市場是一個高風險的市場，交易的每一個環節如果控制不慎，都有可能引發風險。交易中每一個參與的機構，由於自身管理不善或其他原因，局部的小風險都有可能放大，最後導致期貨市場的劇烈波動。事實上，期貨市場中不同機構、不同主體相互作用、相互依存，期貨市場的風險管理也是一項系統工程。

國內期貨交易所對履行實物交割的註冊倉庫和廠庫實行了非常嚴格的管理，以避免或減少風險。事實上，這些措施取得了較為理想的效果。除此之外，對另外兩個在期貨市場中至關重要的機構，即期貨交易所和期貨經紀機構來說，監管部門也制定了一系列規章制度以加強管理。期貨合約是標準化的合約，每一筆交易中，買賣雙方彼此並不相識，也不需要相識，實行的是共同對手方制度，交易所為期貨交易提供集中履約擔保。因此，當市場發生激烈波動時，為了維護期貨市場正常運轉，根據《期貨交易管理條例》，國家規定了交易所應當按照手續費收入的20%的比例提取風險準備金，風險準備金應當單獨核算，專戶存儲。期貨公司淨資本不得低於人民幣3,000萬元，淨資本與公司風險資本準備的比例不得低於100%。

為保障期貨市場的正常運行，減少各類風險的發生，國內對期貨交易制定了一整套嚴密的制度。這些措施有效地保證了期貨合約的履行，其中最主要的風險管理制度除風險準備金制度外，還包括：保證金制度、當日無負債結算制度、漲跌停板制度、限倉制度和大戶報告制度。中國國內並且規定，當期貨市場出現異常情況時，期貨交易所可以按照規定的權限和程序，採取一系列緊急措施如提高保證金、調整漲跌停板幅度、限制會員或者客戶的最大持倉量、暫時停止交易等，同時立即報告國務院期貨監督管理機構。

一、保證金制度

只要參與期貨合約的買賣，正式從事交易之前，交易者必須在經紀人帳戶中存入一筆資金，這筆資金相當於履約的擔保存款。三大交易所對各品種都會

規定一個最低交易保證金標準，一般交易月份的最低交易保證金比例，鄭州商品交易所除蘋果為7%外，其他品種都為5%。上海期貨交易所基本在8%以下，大連商品交易所為5%。臨近交割月，為了控制風險，交易所會逐漸上調最低交易保證金比例。在實際中，期貨經紀公司根據風險控制的需要、商品價格水準和價格波動幅度等情況，向交易者收取的保證金要高於交易所規定的最低比例。表5-1為南華期貨一般月份收取的交易保證金比例，從表5-1中可以看出，基本上在10%~20%。當然，臨近交割月，期貨公司收取的保證金比例一般會更高。而且當市場發生變化時，交易所可根據市場狀況對保證金水準做出調整。

表5-1　　　　　　　　　一般月份期貨保證金比例

品種	保證金比例（%）	品種	保證金比例（%）	品種	保證金比例（%）
銅	13	線材	26	棉花一號	11
鋁	13	鉛	14	強麥	26
鋅	14	白銀	14	普麥	11
天然橡膠	15	熱軋卷板	14	精對苯二甲酸	12
燃料油	46	瀝青	14	菜籽油	11
黃金	13	鎳	14	早秈稻	11
螺紋鋼	14	錫	13	甲醇	13
黃大豆一號	13	焦炭	21	玻璃	13
黃大豆二號	11	雞蛋	14	菜籽粕	12
豆粕	13	膠合板	26	動力煤	12
豆油	13	纖維板	26	粳稻	11
玉米	13	聚丙烯	13	晚秈稻	11
線形低密度聚乙烯	13	焦煤	21	硅鐵	13
棕櫚油	13	鐵礦石	16	錳硅	13
聚氯乙烯	13	玉米澱粉	13	棉紗	13
白糖	11	油菜籽	26	蘋果	13

數據來源：根據南華期貨交易軟件整理（2018年3月13日）。

第五章　商品期貨交割庫風險分析　145

期貨市場是通過保證金制度來保證交易按時履約的，避免因不履行合約而造成市場運轉不靈的風險。期貨交易所設立保證金主要考慮兩個方面的因素，即期貨市場的流動性、期貨市場交易發生違約風險的可能性，主要的參考依據是持倉量及與交割日的臨近。如果保證金水準過低，參與的交易者會增多，期貨價格波動的幅度很容易超過期貨交易所要求的保證金水準，容易發生違約事件，從而對期貨市場的正常運行產生不利影響。但保證金比例設置過高，會提高期貨交易者的成本，降低他們參與市場的意願，並影響到期貨成交量，也不利於期貨市場的發展。科學合理的保證金制度，應當有利於發揮期貨交易的槓桿作用，降低交易者的投資成本，增加期貨成交量，以促進合約的流動，從而實現期貨的價格發現功能。

二、當日無負債結算制度

該制度也稱逐日盯市制度，是交易所控制風險的主要制度之一。由於期貨價格是不斷變化的，交易帳戶經常會發生盈虧，因此，交易所在每日交易結束後，會對每個會員當日盈虧進行一次結算。中國期貨市場中，交易所實行全員結算制度，每個交易所都下設自己的結算部門，結算部門只對會員進行結算，期貨公司會員對其客戶、境外經紀機構進行結算，境外經紀機構對其客戶進行結算。結算主要包括以下幾方面：①當交易會員當天有平倉交易，結算部門要計算出會員平倉的盈虧結果；②會員在當天僅進行新開倉的交易，結算部門按當天結算價計算會員手中所持合約的潛在虧損；③對當天沒有入市交易，但手中握有買進或賣出合約的會員，按當天結算價計算其手中合約的潛在虧損。結算完畢後，會員的結算準備金低於最低餘額時，交易所會向會員發出追加保證金的通知。交易所發出追加保證金通知後，可以通過存管銀行從會員的專用資金帳戶中扣劃。若未能全額扣款成功，會員應當在下一交易日開市前補足至結算準備金最低餘額。未補足的，若結算準備金餘額大於零而低於結算準備金最低餘額，不得開新倉；若結算準備金餘額小於零，則交易所將按照相關規定進行處理。

一般來說，當交易所發出追加保證金的通知後，在第二天交易開始前，會員必須將追加的保證金存到交易所的結算部門。如果保證金不能及時補充，結算部將要求會員將手中合約對沖掉一部分，否則，將會停止會員當天交易或採取強行平倉措施。期貨經紀公司設有風控部門，即時監控每個客戶的保證金狀況，發現異常時會做出追加保證金處理等措施。如果客戶不能及時追加或追加不足，經紀公司會採取強行平倉措施，強行平倉造成的損失由客戶承擔。當日

無負債結算制度可以將市場風險縮小到僅限於當天交易的風險，並通過及時結算和按時追加保證金，使當天的保證金可以承擔當天的風險。

三、漲跌停板制度

該項制度是交易所為了控制當日市場風險，而設定的每日價格漲跌幅的最大限制，一般與保證金制度相配合使用，正常情況下，保證金比例一般為最大漲跌幅的兩倍左右。各交易所在自己上市的品種中，都設計有價格漲跌幅限制，並把這一漲跌幅度輸入計算機交易系統中，由計算機自動控制。如果交易價格在漲跌幅度限制以內，就可以正常交易；當某期貨合約以漲跌停板成交價格成交時，成交撮合原則實行平倉優先和時間優先的原則，其中平倉優先不含當日開倉部分；一旦交易價格超過最大漲跌幅度，計算機交易系統無法撮合成交。漲跌停板制度避免了價格波動過大所帶來的風險，可以抑制非理性交易對價格波動的影響，防止價格大起大落，有利於市場的穩定。

三大商品期貨交易所制定的不同品種最大價格漲跌幅度有所區別。①大連商品交易所的所有期貨合約在交割月份以前的月份漲跌停板幅度為上一交易日結算價的4%，交割月份的漲跌停板幅度為上一交易日結算價的6%。②鄭州商品交易所的蘋果期貨合約每日漲跌停板幅度為前一交易日結算價的5%，除蘋果外的其他品種期貨合約每日漲跌停板幅度為前一交易日結算價的4%。③上海期貨交易所中，期貨合約每日漲跌停板幅度為前一交易日3%的品種有銅、鋁、黃金、白銀、熱軋卷板、瀝青，為4%的品種有鋅、鉛、鎳、錫，為6%的品種有天然橡膠、燃料油、螺紋鋼、線材。其中，三大交易所都規定，新上市期貨合約的漲跌停板幅度為合約規定漲跌停板幅度的兩倍，如合約有成交則於下一交易日恢復到合約規定的漲跌停板幅度；如合約無成交，則下一交易日繼續執行前一交易日漲跌停板幅度。

四、限倉制度和大戶報告制度

為防止大戶操縱和個別會員超過自己的資金承受能力超量交易，避免在期貨市場價格劇烈波動時，出現難以彌補的虧損，國內三大交易所全部都實行了限倉制度。限倉是指交易所規定會員或客戶可以持有的，按單邊計算的某一合約投機頭寸的最大數額。其中，套期保值用戶實行審批制，其持倉不受限制。

大戶報告制度是交易所控制大戶交易風險、防止市場被操縱的重要制度。它指的是非期貨公司會員或客戶某品種持倉合約的投機頭寸達到交易所對其規定的投機頭寸持倉限量的某一比例或以上時，需向交易所報告其資金情況、頭

寸情況及其他規定的內容。大戶報告制度可以防止市場持倉水準的過分集中，有利於市場監管。

如果期貨市場投機氣氛過濃，少數交易者持有大量頭寸，容易形成壟斷和操縱市場的行為。當這些大戶利用資金、信息、資源、影響力的優勢來影響期貨市場的價格走勢，或製造期貨市場假象，以牟取不正常利潤，則極易導致期貨市場各類風險的產生。限倉制度和大戶報告制度有利於期貨交易所掌握上述大戶的動態，避免持倉過分集中，審查大戶是否有過度投機和操縱市場的行為，控制大戶交易的風險。

第六章 優化中國商品期貨交割庫的措施與建議

第一節 合理制定期貨交割庫發展規劃,加強對定點交割庫的管理

一、抓住期貨發展的歷史機遇期,合理規劃期貨交割庫

中國商品期貨成交量已連續九年位居世界前列,一大批關係國計民生的品種被開發出來並上市交易。期貨市場參與者中,法人客戶的占比呈上升趨勢,投資者結構日趨合理。雖然國際期貨市場上交易活躍的品種,已基本在國內期貨市場全部上市,新品種的開發難度增加。但是,內外部因素仍然有利於國內期貨市場的發展。第一,外部因素。國家改革開放力度進一步加大,與國際經濟聯繫日益加深。由於世界經濟不平衡,全球化發展過程不會一帆風順,貿易保護主義有所抬頭,圍繞各種生產要素的競爭更加激烈,商品和資產價格波動程度加劇,中國企業面對激烈的產品價格波動,需要有一個規避價格風險的場所。同時,發展國內期貨市場,也有利於提高中國在大宗商品國際定價方面的話語權。第二,內部因素。中國的經濟結構和巨大的市場規模,也決定了中國的期貨市場將會有更多的創新品種。隨著國內經濟的發展,中國已成為世界上許多大宗商品的集散地。實踐證明,當商品的流通量很小時,該品種很難成為有生命力的期貨品種。

隨著期貨市場持續發展,交易量擴大,法人客戶數量增多,上市品種不斷增加,來自全國不同地方的套期保值者也在增多,交易所在設置期貨交割庫將面對更多的不確定因素。因此,交易所應結合各種因素,綜合考慮期貨市場狀況、現貨市場格局和品種特性、現有倉儲企業水準和產業現狀,制訂期貨交割

庫佈局規劃，方便產業客戶套期保值，更好地實現期貨市場的價格發現功能。

二、緊貼現貨市場，動態調整交割庫

交割庫的設置必須以現貨市場為基礎，交割庫數量的多少，交割庫佈局在何區域，應當與現貨市場保持同步。交割庫的合理設置，直接影響到該期貨品種的交易量和成交活躍程度。當然，交割庫設置是否合理，只有通過市場運作來檢驗。如果市場證明交割庫佈局不合理，或現貨市場的物流發生改變，新的集散地、中轉地、產區或銷區形成時，交割庫應根據上述因素做出動態調整。交割庫是一種稀缺資源，地方政府和當地企業申報的積極性一般較高，因此，交易所應排除各種干擾，避免重複建設、資源浪費、惡性競爭等現實問題。

從理論上來說，期貨交割庫的佈局，大的原則是從金融市場迴歸本源、服務實體經濟這一目的出發，綜合考慮生產、消費和流通情況。但實踐中，交易者進行實物交割時，賣方更具有選擇權，買方有可能被動接貨，當買方接到非理想地的產品時，參與期貨市場的積極性自然會降低。因此，如何平衡某一品種全國性定價中心和區域性現貨市場，如何平衡產銷區或集散地的設庫數量，打消機構投資者參與期貨市場的顧慮，從而實現期貨價格的發現功能，是呈現在交易所面前的一道難題。

三、建立健全定點交割庫和交易所的雙向監督約束機制

監督不能是單向的，應該是雙向的，既包括交易所對定點交割庫的監督，也包括定點交割庫、投資者對交易所的監督。交易所的管理行為要做到規範、自律，其工作人員的行為要公正、廉潔。作為定點交割庫，應樹立全局觀念，要顧大局、識大體，自覺接受交易所的監管，不干急功近利和違法亂紀的事情，堅持規範、服務、效益相統一的原則，努力提高自身服務水準。

當前國內商品期貨交易所的管理制度已越來越規範，且商品期貨交易所的數量僅為三家，而期貨交割庫數量已有八百多家。因此在實踐中，交易所對定點交割庫的監督和管理，比定點交割庫對交易所的監督更普遍。

雖然交易所對定點交割庫已形成了一整套規範的管理制度，以保證交割的履行，但是也很難保證交割庫嚴格按照要求辦理業務，而且僅靠交易所的單一力量也是不夠的。所以，交易所除了定期或不定期地組織人員對交割庫進行檢查和指導工作外，還應向廣大會員單位和投資者公布舉報電話，鼓勵他們監督定點交割庫的行為，做到交割庫一旦有違規和不良行為，就有人馬上向交易所報告，並得到及時的制止和糾正，挽回不必要的損失。

第二節　適時引進國際物流企業，加大對本土物流企業的支持

一、加快港口大宗商品物流服務體系建設

已上市的期貨品種，既有完全依賴進口的品種（如棕櫚油），也有主產區與主銷區相距遙遠，主要依靠港口進行中轉的品種（如動力煤），還有部分進出口量都較大的品種（如甲醇等）。另外，有些品種國內產量較大，但消費相對比較分散，由於水上運輸價格較低，且一次運量巨大，因此，通過水運的量占比也較高。這就需要發達的港口和便捷的交通運輸網絡。

上市的期貨品種作為大宗商品物質，具有生產和消費量大、運輸量大的特點，是生產製造的基本原材料，商品運輸具有大貿易、大物流的特點。配套設施完善、功能體系健全、倉儲物流系統完善的港口很容易成為大宗商品的集散地。事實上，國內許多交割庫就設在港口比較發達的地方。現代港口物流服務體系有利於解決大宗商品貨物的交割、搬運、存儲、分包裝、二次運輸等問題，促進大宗商品交易的快速、便捷轉運和分撥。因此，為了進一步提高港口的貨物吞吐能力，完善港口物流服務體系，各港口應根據自身的特點，優勢互補，加快大宗商品專用碼頭和堆場建設，提高信息化服務程度。交割庫一般佈局在主產區、主銷區、中轉區或集散地，港口因為特有的地理優勢，往往既是消費中心，也是生產製造中心，同時也是國際貿易中轉地，最容易形成產業集聚，所以很多時候，也是交割庫佈局的首選區域。

二、支持現有倉儲企業提升軟硬件水準

履行實物交割的定點交割庫，從物流角度來看，必須保證商品及時有效，在商品期貨交割體系中起著十分重要的作用。因此，期貨交易所對交割庫的軟硬件有非常嚴格的要求。但是，隨著經濟的發展，部分大宗商品的現有交割庫已不能滿足現貨市場上套期保值者的需求。對現有交割庫進行適度調整，或增加交割庫的數量勢在必行。

交割庫需要採用先進的物流管理技術和裝備，在運輸、倉儲、包裝、裝卸、搬運、流通加工、配送、信息處理方面要求較高，前期投入較大。因此，地方政府應積極支持本區域內經濟實力較強、財務狀況良好的企業申請成為定點交割庫，在前期的軟硬件投入方面提供政策支持。做好交割庫對外交通銜接，盡量實現公路、鐵路、水運聯運，使轉運順暢。當期貨交易所計劃在某區

域內增設交割庫時，對備選庫應提供技術上的支持和政策上的指導，對其軟硬件的投入提供建議，使其能快速達到註冊交割庫的標準。就申報交割庫的企業來講，應當嚴格按照交易所的標準提升自身硬件水準，完善倉儲管理制度，形成完善、嚴格的商品檢驗制度，商品出入庫制度，庫存商品管理制度，等等。

三、適時引進國際物流企業

現代期貨交割庫其實已從單一的倉儲服務功能向綜合化、信息化方向發展，從某種意義上來講，倉儲企業要想在物流領域內分一杯羹，拼的就是服務。國際物流企業在營運管理、營運網絡覆蓋、信息技術、行銷網絡、物流渠道等方面，相較於內地物流企業，一般更具有優勢。在辦理集裝箱業務尤其是國際集裝箱海運的代理、中轉、堆存、拆裝箱、倉儲、公路運輸、報檢和報驗、貨物保險及其他配套方面，管理水準相對更高。因此，期貨交易所在條件具備時，可適當引進一些國際物流企業作為期貨交割庫，學習人家的先進經驗和管理制度，以期更好地為期貨市場的實物交割服務。

第三節 建立和完善相關體制，進一步優化中國大宗商品期貨交割庫空間佈局

一、簡化審批登記制度，構建良好的投資環境

如果千千萬萬的中小企業能夠主動通過期貨市場規避價格波動風險，就說明期貨市場已經進入一個成熟的發展階段，而不僅是一個投機者的市場，儘管期貨市場需要大量的投機者參與。所以說，中小企業的興旺和發展，為期貨市場提供了不竭的動力和源泉。

中小企業的發展，當然離不開自身的努力，但也需要有適合其發展的環境和土壤，這就需要政府轉變職能，努力提高服務意識，為中小企業的發展提供良好的外部環境。具體來說有：第一，簡政放權，減少審批登記制度。這就要求政府理順內部運行機制，規範審批權限和裁量權。凡沒有法律法規依據的證明和蓋章環節，原則上一律取消。對審批流程可適當標準化，推進網上辦理和網上諮詢，依託「互聯網+」推進部門間公共信息共享，激發企業活力。企業有了活力，不僅對提升就業和當地財政收入有好處，也會更有動力和能力繼續追加投資，從而形成良性循環。第二，提供金融或財稅支持。當前，中國中小企業面臨的一個普遍問題是融資難和融資貴，儘管政府也出抬了一些措施，但

效果不盡如人意。因此，應制訂相關配套措施和激勵措施，並加強考核指標，推動和鼓勵政策性金融機構和中小金融機構向中小企業提供資金支持。與此同時，應做好中小企業減負工作，引導和帶動社會資金支持中小企業的發展，加大面向中小企業的稅收扶持力度和覆蓋面。

二、加強信息交流，提高地方政府和產業客戶對期貨市場的認識

期貨市場的參與者主要是投機者和套期保值者，套期保值者參與期貨市場的目的主要是鎖定利潤或成本，規避價格波動風險。為現貨企業減少價格波動影響，是期貨市場存在和發展的基礎，也是期貨市場的使命。在中國期貨市場快速發展時期，期貨交割庫面臨調整的大背景下，加強對中小企業的宣傳、培訓顯得亟為緊迫。具體可從以下兩方面入手：第一，加強對期貨市場避險作用的認識。期貨交易所、期貨業協會、期貨經紀公司、地方金融辦等可以通過主題宣傳周等形式，借助傳統媒體和新媒體，加大對期貨市場的正面宣傳，推動社會各界對期貨市場的認識趨於理性，營造有利於期貨市場發展的輿論環境。第二，有針對性地開展中小企業套期保值專題培訓。期貨相關機構、地方政府的相關部門、行業協會在條件具備時，可適當舉辦中小企業套期保值專題培訓，抓好成功案例的剖析和宣傳，強化企業管理者運用期貨市場規避價格風險的意識，培育成熟的期貨市場投資者。

除了加強產業客戶和中小企業對期貨市場的認識外，期貨交易所也可加快與地方政府、行業協會等機構建立快捷準確的期貨信息交流機制，或者是聯絡互訪機制，共同進行期貨市場服務實體經濟的研究。地方政府部門和當地企業，以期貨交割庫的設立為切入點，加強與交易所的溝通，從而支持本地企業獲得期貨交割庫資格，推動地方經濟與期貨市場接軌，完善地方經濟和期貨市場的發展協作。

三、進一步優化大宗商品期貨交割庫空間佈局

國內商品期貨交割庫主要分佈在長三角、珠三角和環渤海地區，上述地區經濟發達，製造業眾多，水運、陸運線路縱橫交錯，港口經濟發達。交割庫主要集中於此，與當時的經濟發展和外部環境是相適應的。但是，隨著中國區域經濟由非均衡向均衡發展，調整優化中國商品期貨交割庫佈局已是大勢所趨。

期貨價格與現貨價格關係的失衡，主要依靠交割從中調節。受交割成本影響，交割庫所覆蓋的現貨商，只能限定在一定半徑之內。一般來說，套期保值企業距離交割庫越近，套期保值效果越好。這是因為，此時相關經營企業所處

的現貨市場與期貨市場存在著緊密的聯繫，現貨價格與期貨價格的相關性較強。距交割庫較遠的企業，參與者所處小市場的環境受自身各種供需決定因素的影響要強一些，期貨價格對較遠區域的現貨市場的價格影響較弱，甚至不少時段，該區域內產品現貨市場價格波動不受期貨價格波動影響。

商品期貨交割庫的佈局，當然不可能照顧到所有區域內現貨企業套期保值的意願。但是，隨著中西部地區經濟的發展，一些新的產業集聚中心正逐漸形成。另外，隨著基礎設施建設的進一步完善，新的物流中心開始出現，新的物流節點正逐漸形成。因此，現有交割庫佈局應根據產業環境的變化和發展，進行合理優化，以期更好地為實體經濟服務。

參考文獻

[1] DAVIS L, NORTH D C. Institutional change and American economic growth [M]. London: Cambridge university press, 1971.

[2] NORTH D C. Institutional, Institutional change and economic performance [M]. London: Cambridge university press, 1990.

[3] COMMONS, JOHN R. Institutional economic [M]. Madison: University of Wisconsin press, 1934.

[4] ALCHIAN, ARMEN A. Uncertainly, evolution and economic theory [J]. Journal of political economy, 1950 (6).

[5] COASE, RONALD. The nature of the firm [J]. Economics, 1937 (4).

[6] SHLERFER A. Inefficient market: an introduction to behavioral finance [M]. Oxford: oxford university press, 2000.

[7] EUGENE F. Efficient capial markets: A review of theory and empirical work [J]. Journal of finance, 1970 (5).

[8] EL ERIAN M A. Navigating the new normal in industrial countries [Z]. International monetary fund, Dec. 15, Retrieved oct. 18, 2012.

[9] ARTHUR W B. Competing technologies, increasing returns and lock in by historical events [J]. The economics journal, 1998 (3).

[10] PIERSON P. Increasing returns, path dependence and the study of politics [J]. American political science review, 1994 (2).

[11] HOLBBROOK W. New concepts concerning futures markers and prices [J]. The American economic reviews, 1961 (2).

[12] EDERINGTON L H. The hedging performance of the new futures markets [J]. The journal of finance, 1979 (1).

[13] STEIN J L. The simultaneous determination of spot and futures prices [J].

The American Economic Reviews, 1976 (5).

[14] HOFFMAN G W. Future trading upon organized commodity markets in the United States [M]. Philadephia: university of pennsylvania, 1932.

[15] SAMUELSON P A. A proof that properly anticipated prices fluctuate randomly [J]. Industrial management review, 1965 (6).

[16] THOMAS A H. Economics of futures trading: for commercial and personal profit [M]. New York: Commodity research bureau, 1971.

[17] PECK A E, WILLIAMS J C. Deliveries on commodity futures contracts [J]. Economic record, 1992 (S1).

[18] PECK A E. Futures markets, supply response, and price stability [J]. The quarterly journal of economics, 1976 (3).

[19] 魏振祥. 商品期貨產品設計 [M]. 北京: 機械工業出版社, 2017.

[20] 常清. 期貨, 期權與金融衍生品概論 [M]. 北京: 教育科學出版社, 2009.

[21] 趙汕. 期貨交易實務 [M]. 北京: 中國人民大學出版社, 2009.

[22] 王健. 中國糧食流通體制改革中的期貨市場利用問題研究 [M]. 杭州: 浙江大學出版社, 2012.

[23] 上海期貨交易所與中國浦東國家幹部學院「期貨市場典型案例研究」課題組. 期貨市場典型案例研究 [M]. 北京: 中國金融出版社, 2010.

[24] 王建平, 陸倩, 蘇英. 中國期貨市場發展與國際經驗借鑑——第六屆期貨高管年會論文集 [C]. 北京: 中國經濟出版社, 2013.

[25] 王建平, 陸倩. 中國經濟轉型與期貨仲介發展——第五屆期貨高管年會論文集 [C]. 北京: 中國經濟出版社, 2012.

[26] 高勇. 從規範到跨越——中國期貨市場功能發揮研究 [M]. 北京: 經濟科學出版社, 2002.

[27] 海爾奈莫斯. 湯姆期貨文集 [M]. 王學勤, 譯. 北京: 中國財政經濟出版社, 2000.

[28] 海爾奈莫斯. 期貨交易經濟學 [M]. 王學勤, 譯. 北京: 中國財政經濟出版社, 2004.

[29] 派克, 威廉斯. 期貨交割 [M]. 趙文廣, 張杭, 等譯. 北京: 中國財政經濟出版社, 1998.

[30] 荊林波. 中國商品期貨交割 [M]. 北京: 中國財政經濟出版社, 1999.

[31] 胡海鷗, 宣羽暢. 證券投資分析 [M]. 上海：復旦大學出版社, 2004.

[32] 謝靈斌. 中國商品期貨交割的演進與發展 [M]. 成都：西南財經大學出版社, 2016.

[33] 常遠. 中國期貨史（1921—2010）[M]. 天津：天津古籍出版社, 2011.

[34] 李正強. 大連商品交易所品種運行情況報告：2016 [M]. 北京：中國金融出版社, 2017.

[35] 段文斌, 王化棟. 現代期貨市場學 [M]. 北京：經濟管理出版社, 2003.

[36] 建設西部（重慶）商品期貨交割庫體系研究課題組. 建設西部（重慶）商品期貨交割庫體系研究 [R]. 2017.

[37] 陳再齊. 珠江三角洲地區港口發展與港-城關係研究 [M]. 北京：社會科學文獻出版社, 2015.

[38] 毛蔣興, 韋娜. 高速鐵路背景下促進南寧城市發展與產業轉型升級研究 [M]. 北京：經濟科學出版社, 2014.

[39] 姬廣坡. 期貨市場風險控制論 [M]. 北京：中國財政經濟出版社, 2009.

[40] 雷鵬. 工業園區與區域發展研究 [M]. 上海：上海交通大學出版社, 2012.

[41] 王小俠. 美國都市帶演進機制研究 [M]. 瀋陽：東北大學出版社, 2014.

[42] 魏劍鋒. 企業集群研究——基於知識信息的視角 [M]. 北京：中國經濟出版社, 2013.

[43] 蘇華, 趙猛, 劉文君. 地區專業化、多樣化與城市經濟發展研究 [M]. 北京：紅旗出版社, 2016.

[44] 光明, 王德工, 劉美頻. 湖北期貨農業調研報告集 [M]. 武漢：湖北人民出版社, 2010.

[45] 賀燦飛, 朱晟君. 中國製造業區位：區域差異與產業差異 [M]. 北京：科學出版社, 2010.

[46] 彭道倫, 王干江, 倪春華. 重慶城市發展新區建設研究 [M]. 北京：中國經濟出版社, 2014.

[47] 陶琲, 李經謀. 中國期貨市場理論問題研究 [M]. 北京：中國財政

經濟出版社，1997.

[48] 範劍勇. 產業集聚與中國地區差距研究［M］. 上海：格致出版社，2008.

[49] 中國證券監督管理委員會. 中國期貨市場年鑒（2005—2006 年）［M］. 北京：中國財政經濟出版社，2007.

[50] 徐斌. 江蘇製造業競爭力研究——基於新型製造業視角的競爭力分析［M］. 北京：科學出版社，2009.

[51] 鄭繼承. 區域經濟一體化視角下滇中城市群發展研究［M］. 北京：中國書籍出版社，2015.

[52] 洪民榮. 美國農場研究［M］. 上海：上海社會科學出版社，2016.

[53] 武闖輝. 交割漏洞、逼倉大戰、期現反套：歷數有色江湖5場惡戰［J］. 資源再生，2017（7）.

[54] 胡江華. 商品期貨交割庫的設置、調整與期貨交割成本［J］. 當代經濟，2008（10）.

[55] 範思梅. 瀝青現貨倉儲庫和期貨交割庫的對比研究［J］. 石油瀝青，2017（3）.

[56] 陳超，馬春光. 中國大宗商品期貨交割庫空間佈局及影響因素［J］. 地理科學，2017（1）.

[57] 劉倩. 山東省期貨交割庫發展現狀、存在問題及對策研究［J］. 山東人大工作，2014（8）.

[58] 宋承國. 中國期貨市場的歷史與發展研究［D］. 蘇州：蘇州大學，2010.

[59] 霍瑞戎. 商品期貨實物交割制度研究［D］. 大連：東北財經大學，2009.

[60] 霍瑞戎. 期貨交割制度設計須考慮的基本因素［J］. 中國證券期貨，2008（8）.

[61] 霍瑞戎. 期貨交割理論的演變及中國期貨市場的選擇［J］. 北京工商大學學報（社會科學版），2009（1）.

[62] 李明義，王志強，劉景山. 中國期貨市場操縱問題研究［J］. 商業經濟，2004（9）.

[63] 冷冰，王宗芳. 國外典型金屬期貨交割方式研究［N］. 期貨日報，2013-02-04（4）.

[64] 冷冰，王宗芳. 國外典型能源期貨交割方式研究［N］. 期貨日報，

2013-02-18（4）.

[65] 冷冰，王宗芳. 國外典型農產品期貨交割方式研究 [N]. 期貨日報，2013-01-28（4）.

[66] 王宗芳. 商品期貨市場交割倉庫佈局研究 [J]. 金融與經濟，2009（11）.

[67] 高運勝. 倫敦金屬交易所（LME）交易制度及其啟示 [J]. 海南金融，2014（5）.

[68] 劉迎秋. 現代期貨大辭典 [M]. 北京：人民出版社，1996.

[69] 童宛生. 中國商品期貨價格形成理論與實證分析 [M]. 北京：中國財政經濟出版社，1997.

[70] 謝靈斌. 基於制度變遷的中國商品期貨交割演進分析 [J]. 西部論壇，2015（3）.

[71] 謝靈斌. 中國商品期貨交割歷史考察：1992—2014 [J]. 商業研究，2015（10）.

[72] 謝靈斌. 中國農產品期貨交割的特點與評價 [J]. 商業經濟研究，2016（6）：72.

[73] 胡俞越. 規範大宗商品電子交易市場 [J]. 中國市場，2010（3）.

[74] 於英. 物流技術裝備 [M]. 北京：北京大學出版社，2016.

[75] 王宏新. 物流園區規劃、開發、營運 [M]. 北京：清華大學出版社，2014.

[76] 許繼琴，楊丹萍. 寧波港航物流服務體系研究 [M]. 杭州：浙江大學出版社，2012.

[77] 楊麗紅. 物流經濟地理 [M]. 北京：機械工業出版社，2009.

[78] 張旭鳳. 物流運輸管理 [M]. 北京：北京大學出版社，2010.

[79] 楊春河. 現代物流產業集群形成和演進模式 [M]. 北京：中國鐵道出版社，2009.

[80] 王衛東. 產業集群網絡結構風險預警研究 [M]. 北京：中國人民大學出版社，2016.

[81] 李京. 物流風險控制與防範 [M]. 北京：中國商務出版社，2009.

[82] 上海市推進現代物流業發展工作小組. 上海現代物流業發展報告 [M]. 上海：上海科學技術文獻出版社，2012.

[83] 衣建國，宋穎. 與狼共舞：企業市場風險管理 [M]. 北京：電子工業出版社，2017.

[84] 霍普金. 風險管理：理解、評估和實施有效的風險管理 [M]. 蔡榮右, 譯. 北京：中國鐵道出版社, 2013.

[85] 楊東, 文誠公. 互聯網金融風險與安全治理 [M]. 北京：機械工業出版社, 2016.

[86] 薩繆爾森. 經濟學 [M]. 北京：中國發展出版社, 1992.

[87] 張墉奎. 中國商品期貨市場風險預警機制研究 [D]. 南京：南京財經大學, 2011.

[88] 虞立戎. 中國期貨市場的風險控制研究 [D]. 上海：復旦大學, 2004.

[89] 李建良. 中國商品期貨市場風險管理機制研究 [D]. 武漢：華中科技大學, 2010.

[90] 王之言. 商品期貨市場非正常價格風險控制機制研究 [D]. 長沙：湖南大學, 2003.

[91] 王明珠. 中國商業銀行內部詐欺風險管理研究：以中國銀行為例 [D]. 昆明：雲南大學, 2016.

[92] 潘恒玉. 中國銀行內部詐欺風險管理研究 [D]. 南昌：南昌大學, 2014.

[93] 祁國聯. 中國期貨市場風險管理問題研究 [D]. 武漢：武漢大學, 2004.

國家圖書館出版品預行編目（CIP）資料

中國商品期貨交割庫研究 / 謝靈斌, 崔中山 著. -- 第一版.
-- 臺北市：崧博出版：財經錢線文化發行, 2019.05
　　面；　公分
POD版

ISBN 978-957-735-842-4(平裝)

1.商品期貨 2.期貨交易 3.中國

563.534　　　　　　　　　　　　　　108006400

書　　名：中國商品期貨交割庫研究
作　　者：謝靈斌、崔中山 著
發 行 人：黃振庭
出 版 者：崧博出版事業有限公司
發 行 者：財經錢線文化事業有限公司
E - m a i l：sonbookservice@gmail.com
粉絲頁：　　　　　網址：
地　　址：台北市中正區重慶南路一段六十一號八樓 815 室
8F.-815, No.61, Sec. 1, Chongqing S. Rd., Zhongzheng Dist., Taipei City 100, Taiwan (R.O.C.)
電　　話：(02)2370-3310 傳　真：(02) 2370-3210
總 經 銷：紅螞蟻圖書有限公司
地　　址：台北市內湖區舊宗路二段 121 巷 19 號
電　　話:02-2795-3656 傳真:02-2795-4100　　網址：
印　　刷：京峯彩色印刷有限公司（京峰數位）

本書版權為西南財經大學出版社所有授權崧博出版事業股份有限公司獨家發行電子書及繁體書繁體字版。若有其他相關權利及授權需求請與本公司聯繫。

定　　價：350元
發行日期：2019 年 05 月第一版
◎ 本書以 POD 印製發行